Udo Schulze

**Die Abrechnung
Deutschland, deine Journalisten**

Udo Schulze

Die Abrechnung

Deutschland, deine Journalisten

EXTREM VERLAG

Grundsatzerklärung

Autor und Verlag respektieren alle Menschen und Religionen und lehnen deshalb jede Art von rassistischer Voreingenommenheit und Propaganda ab, komme diese von konfessioneller, politischer oder ideologischer Seite. Autor und Verlag lehnen jede Verantwortung gegenüber Mißverständnissen bzw. Anklagen ab, die aus oberflächlicher, unvollständiger oder voreingenommener Lektüre dieses Buches entstehen können.

1. Auflage Oktober 2004
Copyright 2004 by Autor und Extrem Verlag

Designed & Printed in Germany

Das Werk, einschließlich aller seiner Teile ist urheberrechtlich geschützt. Jede Verwertung außerhalb der engen Grenzen des Urheberrechts ist ohne Zustimmung des Verlags unzulässig und strafbar. Das gilt insbesondere für Vervielfältigungen, Übersetzungen, Mikroverfilmungen und die Einspeicherung und Verarbeitung in elektronischen Systemen.

Extrem Verlag LTD.
Niederlassung Deutschland
Alicestraße 6
36304 Alsfeld

Tel.: +49 (0) 66 31 / 91 10 88 0
Fax: +49 (0) 66 31 / 91 10 88 1
Email: info@extrem-verlag.de
internet: www.extrem-verlag.de

ISBN 3-935054-13-0

Inhalt

	Vorwort	6
I.	Die Meinungsmacher	11
II.	Wenn sich der Lokalchef als Herzog wähnt	18
III.	Als Provinzjournalist hinaus in die Welt	28
IV.	In der Höhle des Löwen	44
V.	»Sollst auch ein paar Nüssle haben«	60
VI.	»Colonia c'est moi!«	78
VII.	Wen stört schon das Gesetz?!	85
VIII.	Berlin, Berlin...	88
IX.	So wird TV gemacht	103
X.	Hier wird in Bildern gedacht	109
XI.	Wie sauber ist ein Sender?	125
XII.	Superstar und Gehirnwäsche	146
XIII.	Exkurs: Deutsche Journalisten und der 11. September	168
XIV.	Schlußwort	182
	Anhang	189

Vorwort

Den werten Leserinnen und Lesern sei gleich zu Beginn gesagt: Wer noch immer glaubt, er würde von kompetenten, gut ausgebildeten und intelligenten Journalisten in Deutschland unterrichtet, muß sein Weltbild erneut einer deutlichen Korrektur unterziehen. In den meisten Redaktionen, besonders in denen der Boulevardmagazine (Print und TV), treffen sich täglich zwei geballte Ladungen. Die eine heißt »Selbstüberschätzung«, die andere »Unfähigkeit«. Doch dabei bleibt es nicht.

Lehnen Sie sich bequem zurück, suchen Sie Halt im Sessel. Denn was jetzt kommt, ist traurige Realität. Eine Realität wie ich sie nahezu jeden Tag erlebte und noch erlebe. Wenn Sie nach der Lektüre dieses Artikels noch eine Zeitung in die Hand nehmen oder das TV einschalten, dann sind Sie äußerst hart im Nehmen, und Sie wissen, welche Geisteshaltung den angeblich schlauen Zeilen zugrundeliegt, die Ihnen in Zeitungen und Sendungen zugemutet werden.

Journalismus in Deutschland, das ist der Tummelplatz der Eitelkeiten, der Treffpunkt von Barbaren und Cholerikern, von Kranken und Diktatoren; ein Mekka der Gesetzesbrecher und ein Sammelbecken Asozialer.

Ich habe Alkoholismus, Unterdrückung, Banküberfälle, Selbstmorde und Drogensucht, Tobsuchtsanfälle und Weinkrämpfe, Sexismus und Nervenzusammenbrüche in deutschen Redaktionen erlebt. Was bei Ihnen morgens im Briefkasten steckt oder abends über die Mattscheibe flimmert, ist in nicht wenigen Fällen das Produkt von gefährlichen Patienten. Erkrankte, die sich zumeist jedem und allem gegenüber erhaben fühlen. Menschen, die sich unantastbar glauben und meinen, nur sie würden die Wahrheit verbreiten und bestimmen, was Wahrheit überhaupt sei. Deutsche Journalisten vernichten Existenzen, nicht nur unter der einfachen Bevölkerung, sondern auch von Schauspielern, Politikern und anderen Persönlichkeiten.

Unter den Mitgliedern deutscher Redaktionen gibt es nicht

nur Lügner, sondern auch äußerst perverse Exemplare der menschlichen Gemeinschaft.

Einige von ihnen tauchten vor wenigen Wochen in Eschweiler (Nordrhein-Westfalen) auf, wo das Geschwisterpaar Tom und Sonja bestialisch ermordet worden war.

Auf einer der ersten Pressekonferenzen nahm der ermittelnde Staatsanwalt Deller zum Verhalten mancher Journalisten vor laufenden Kameras Stellung. Deller berichtete davon, dass es nichts mit Pressefreiheit zu tun habe, wenn den Beerdigungsunternehmern, die die Leichen der Kinder abgeholt hatten, von Redakteuren Geld für ein Foto der toten Kinder im Sarg angeboten würde.

Im Verdacht, diese »Angebote« unterbreitet zu haben, standen in diesen Tagen eine große deutsche Tageszeitung und ein Boulevardsender aus dem Rheinland.

Was hier nur nebenbei öffentlich geworden ist, beschreibt die tägliche Regel im deutschen Journalismus. Die Gier nach Quoten und Auflagen, nach noch mehr Geld und noch mehr Einfluß läßt in vielen Redaktionsbüros auch die primitivsten Anstandsregeln verschwinden. Um bei dem Beispiel Eschweiler zu bleiben: Auch in diesem Fall hat sich erneut gezeigt, dass zahlreiche Boulevardjournalisten auf wahre Berichterstattung, Ethik und Moral, selbst gegenüber den Eltern der toten Kinder, pfeifen.

Jahrelang habe ich in diesem Geschäft gearbeitet und kann hier aus eigener Erfahrung berichten wie unerbittlich in solchen Fällen wie Eschweiler vorgegangen wird.

Mal ganz davon abgesehen, dass mit teuren, hochtechnisierten Abhöranlagen in den meisten Redaktionen der Polizeifunk (selbst die »geheimen« Kanäle) abgehört wird, um an Namen, Ereignisse und Orte zu kommen, also permanent Gesetzesbruch betrieben wird, haben sich im Fall von Eschweiler Dutzende von Journalisten Tag und Nacht vor dem Haus der betroffenen Eltern postiert: immer auf der Lauer, ein Bild von den leidgeprüften Menschen zu erhaschen; immer auf der Lauer, ihnen unbequeme, stumpfsinnige, aber dafür intimste Fragen zu stellen.

Wer ein Bild von den Kindern bekommt (ein anderes als die

Fahndungsfotos, die doch eigentlich reichen müssten), wird in den Kreisen der Kollegen gefeiert und in der Redaktion bewundert. Man wird umjubelt als »Guter Mann« oder »gute Frau« oder »klasse Journalist«.

Jedoch stellt sich die Frage, ob ein wirklich guter Journalist seine Kompetenz damit unter Beweis stellen muß, dass er sich die Füße nach einem Foto wund läuft, wildfremde Menschen in Vereinen oder Schulen oder in der Nachbarschaft von Täter oder Opfer verbal belagert und zum Schluß, wie in etlichen Fällen manifest, das Scheckbuch zückt, um Filme oder Fotos abzukaufen.

Und so war es nur typisch für die Vorgehensweise deutscher Boulevardjournalisten, Eschweiler Bestattern Geld für die widerwärtigen Fotos der toten Kinder im Sarg zu bieten.

Die »Blattmacher« in den Redaktionen (z. B. in denen einer großen deutschen Tageszeitung) leben tatsächlich in dem Wahn, ihre Leser wollten solche Fotos sehen.

Zu Beachten ist in diesem Zusammenhang natürlich auch die Doppelzüngigkeit der Blätter. Während sie über dem Bruch (die Stelle in der Mitte der Zeitung, wo sie gefaltet ist) in riesigen Lettern Angst und Zorn, Unverständnis und Tränen ob der Morde zeigen, verraten diese Journalisten wenige Zentimeter tiefer ihre verquaste, psychopathische Einstellung zur Sexualität. Das nackte Mädchen von Seite eins, das Brustwarzenpiercing von Sarah Connor oder die Hilton-Schwestern ohne Höschen sprechen niedere Instinkte im Menschen an – Instinkte, die unter Umständen die Täter von Eschweiler zu dem getrieben haben, was sie schließlich taten.

Doch ohne sich daran zu stören wird in den deutschen Redaktionen weiter gemacht. Längst sind die Opfer aus dem Rheinland vergessen. Da feiern wir doch lieber wieder die Amis als Befreier im Irak oder erheben den (schein)moralischen Zeigefinger, wenn mal wieder böse Palästinenser Steine auf israelische Soldaten werfen.

Hatten die Soldaten zuvor geschossen und einen Jugendlichen getötet? Ja, es war vermutlich so gewesen; jedoch spielt es keine wesentliche Rolle.

I.

Die Meinungsmacher

Wie die Deutschen manipuliert werden

Es gibt kaum ein ausgeklügelteres, zynischeres und mehr manipuliererendes System wie das der Medien in Deutschland. So gut wie alle Themenbereiche werden abgedeckt: durch Zeitungen, Zeitschriften, dem Rundfunk, dem TV und nicht zuletzt auch durch die offiziellen Seiten der Internetanbieter.

Ein Fülle von Nachrichten, Geschichten und Lügen, die kaum noch jemand erfassen und verarbeiten kann, ergießt sich über denm Rezipienten. Da liegt es nahe, dass sich gewissenlose Geschäftemacher (und dazu zählen fast alle in der Medienbranche) das unüberschaubare Dickicht zunutze machen, um große Teile der Bevölkerung zu manipulieren. Sei es nun, um sie mit »Brot und Spielen« aus der Abteilung »Wetten dass…«, »Wer wird Millionär« oder »Schlagerparade« auf Spaßniveau zu halten, sei es, um sie vor dem Erkennen von Problemen zu »bewahren« oder sei es, um sie neuen Modetrends, Urlaubszielen und Denkweisen zu unterwerfen. An der Spitze steht immer der Club der Manipulanten. Wer da mitspielt, ist herzlich willkommen. Denn kritische Geister sind nicht gefragt; Sie könnten am Ende noch die Problematik erkennen und analysieren und darüberhinaus noch fragen stellen.

Doch nicht nur im Bereich der Unterhaltung wird manipuliert, düpiert und verfälscht.

Weit schlimmere Auswirkungen hat die Zusammenarbeit zwischen Journalisten und deutschen oder ausländischen Geheimdiensten. Hier verliert der Grundsatz der Neutralität und der der wahrheitsgetreuen Berichterstattung auf journalistischem Sektor jegliche Gültigkeit. Längst schon haben Geheimdienste viele der deutschen TV- und Blattmacher auf ihren Listen. Und wenn die Oberen vom Verfassungsschutz aus Köln oder dem Bundesnachrichtendienst (BND) aus Pullach (bald Berlin) die Fäden ziehen, tanzt sogar so mancher Chefredakteur und macht sich zur Marionette.

Im Dienst der Dienste

Schon 1998 berichtete Erich Schmidt-Eenboom in seinem Buch »Undercover, der BND und die deutschen Journalisten« auf über 400 Seiten darüber, wie sehr die deutsche Medienlandschaft mit den Geheimdiensten verflochten ist. Auf zahlreichen Seiten nennt er Namen und Fakten.

Unter anderem tauchen hier so ehrenwerte Kollegen wie Kurt Dittrich (ehem. Bild am Sonntag), Klaus Blume (ehem. Bild), Peter von Seydlitz (Bayerischer Rundfunk) oder Rudolf Gallus (Saarländischer Rundfunk) auf.

Im Hause Springer soll laut Schmidt-Eenboom sogar ein BND-Mann im Vorstand gesessen haben. Jene »Schnüffler« gründeten schon in den frühen Jahren der Bundesrepublik Journalistenorganisationen, die unter dem Deckmantel der kollegialen Zusammenführung und Weiterbildung Desinformationen unter die Journalisten streuten, damit diese solche Märchen verbreiten und so zur Manipulation der öffentlichen Meinung beitragen sollten.

Auch wenn man hier manchem Kollegen oder mancher Kollegin zugute halten will, dass sie nicht immer wissen konnten, wer gerade hinter der Ausrichtung eines Seminars oder einer anderen Veranstaltung steckte, steht jedoch eines unumstößlich fest: kein Absatz.

Deutschland hat keinen freien Journalismus, sondern entweder institutionalisierte oder schlicht unkritische, fachlich nicht geschulte Berichterstatter, was besonders auf die Boulevardmedien zutrifft.

So ist es nicht verwunderlich, dass sich in dem Gewirr der deutschen Medienlandschaft jeder Verlag und Sender »seinen« Teil der Bevölkerung zur Manipulation ausgesucht hat. An erster Stelle steht eine große deutsche Tageszeitung, auf die im weiteren Verlauf des Buches sehr genau eingegangen wird.

Wem dient welches Blatt?

»Schöner wohnen«, »Hund und Jagd«« oder »Die Bäckerblume« haben schon durch ihren Namen eine ganz klar vorgegeben Zielgruppe, die mit dem Inhalt des Blattes interessiert und angesprochen werden soll. Doch wenn wir einen Blick auf den Markt der Tageszeitungen (und täglichen TV-Sendungen) werfen, wird die Bestimmung, für wen denn nun ausgerechnet dieses Format hergestellt wird, schon etwas problematischer.

Allerdings würde eine Marktanalyse nicht den Kern meiner Frage beantworten. Mir geht es nicht darum, für welches Publikum geschrieben und gesendet wird, sondern darum, für welchen Manipulator.

Die wöchentlich erscheinenden Nachrichtenmagazine umgeben sich mit einer Aura von Intellektualität. Die große deutsche Tageszeitung den »Volksfreund« und andere geben vor, den kritischen Zeitgeist widerzuspiegeln. Während »Der Spiegel«, das Flaggschiff der deutschen, linksliberalen Medien auch schon lange nicht mehr das ist, was er einmal war, wird der Versuch der Gehirnwäsche beim Leser durch die bekannte große Tageszeitung täglich deutlich. Vor der Bundestagswahl 2002 stellte sich ein gewisser Herr Spreng, ein ehemaliger Chefredakteur von »Bild am Sonntag«, ganz in den Wahlkampfdienst von Bayern-Ede Edmund Stoiber. Das blieb auch nicht ohne Wirkung auf die große Schwester von »Bild am Sonntag«.

Nahezu täglich wurden jetzt die Leser darüber »aufgeklärt«, was Frau Stoiber zu Hause kochte, wie sie über Emanzipation dachte und – da war man aber ganz siegessicher – was sie als

Frau des Bundeskanzlers alles bewerkstelligen wollte. Sie wurde stets gezeigt mit »Bayern-Ede« auf Wanderschaft zu den schönsten Orten Deutschlands, mit »Bayern-Ede« ganz nah beim Volk in den Neuen Bundesländern. Nebenbei, nicht einmal versteckt, wurde in vielen Artikeln die Angst vor der Zukunft in Deutschland geschürt. Und »Edi« – ach, was für ein Zufall - hatte wenige Seiten weiter immer einen Trostbonbon für die Deutschen in der Tasche. Motto: Das Volk, der große Lümmel, muß immer nur richtig geführt werden.

Die Wahl war vorüber, die Nachrichtenmagazine hatten ihre intellektuellen Analysen verbreitet. Jetzt musste neuer Stoff her. Afghanistan war uninteressant geworden. Doch da sorgte der große Bruder USA, der ja die große deutsche Tageszeitung vor mehr als 50 Jahren aus der Taufe gehoben hatte, schon für neuen Manipulationsstoff. Saddam Hussein, der als Halbwilder dargestellte Diktator aus dem Irak, stand plötzlich auf den Seiten der deutschen Zeitungen und Zeitschriften. Es hieß, er habe Massenvernichtungswaffen. Und die wolle er mit Hilfe seiner Terroristen auch auf Amerika und Europa schleudern.

Während die Blätter der intellektuellen Abteilung nahezu unisono und ohne kritisches Hinterfragen offizielle Pressemitteilungen der Ermittlungsbehörden abdruckten, scherte die große deutsche Tageszeitung aus diesem Reigen aus, um in eine noch extremere, noch unredlichere Richtung zu gehen.

Starker Tobak war gefragt. Denn plötzlich war eingetreten, was nicht wahr sein konnte. Die Bundesregierung wandte sich gegen einen Krieg im Irak. Und noch schlimmer: Die überwiegende Mehrheit der Deutschen – der Leser – machte da auch noch mit. Also zogen die Blattmacher alle Register, um dem Volk »the american way of war« als etwas Gutes und Nötiges zu suggerieren.

Dazu dienten Geschichten über eine Pockenepidemie, die in den 70-er Jahren in NRW ausgebrochen war. Mit Geschichten, die mit Bildern illustriert waren, die Pockenkranke aus der Dritten Welt zeigten, wurde wieder Angst geschürt. Eine deutsche Krankenschwester, die sich damals mit der Krankheit ansteckte, berichtete über ihre Leiden. Und die Frau eines US-Soldaten beklagte, dass die Pockenimpfung so schlimm sei und dass ihr Mann tagelang nicht mit dem Kind spielen könne. Nebenbei ergingen Meldungen über die »geheime« Beschaffungsaktion von Pockenserum durch die Bundesrepublik. Dazu die bange Frage: Sind wir ausreichend geschützt?

Jedoch erschien es seltsam, dass das Volk sich nicht so wie geplant führen ließ. Die Anti-Kriegshaltung der Menschen verstärkte sich. Die große Tageszeitung hatte ihre Probleme, die Bevölkerung auf Kurs zu bringen. Das geschah zum Ärger vieler Falken – nicht nur jenseits des Atlantiks.

Doch die Kampagnen der Zeitung scheinen generell nicht mehr so zu fruchten wie vielleicht noch vor Jahren. Bestes Beispiel dafür ist der Möchtegern-Skandal um die Lufthansameilen für Bundestagsabgeordnete.

Miles & More und mehr

Was zuerst nur eine kleine Meldung in der Tagespresse war, erfaßte innerhalb weniger Tage die prominentesten Plätze in der deutschen Presselandschaft. Zeitung, TV und Rundfunk machten wieder kräftig mit bei der Desinformierung der Bevölkerung. Und selbst betroffene Politiker ergaben sich dem Druck und traten zurück.

Gemeint ist der Scheinskandal um die geschenkten Lufthansameilen an Politiker. Wie sich später herausstellte, war eine Mitarbeiterin der Lufthansa aus Kassel von Presseleuten gekauft worden. Sie hatte Einblick in die Daten der Passagiere und damit ins Bonussystem der Lufthansa und ihr Wissen preis gegeben.

Wer häufig mit der Gesellschaft unterwegs ist, nimmt am sogenannten Miles&More-Programm teil. Jeder Flug wird mit einer bestimmten Anzahl von »Meilen«, einer gesellschaftsinternen Währung, belohnt. Für eine bestimmte Summe an Meilen gibt es kleine Geschenke oder Freiflüge.

Also ein ganz normales Rabattmarkensystem, das auch bei vielen Supermarktketten oder Tankstellen Usus ist.

Die Abgeordneten des Deutschen Bundestages können innerhalb Deutschlands mit der Lufthansa kostenlos fliegen und bekommen ebenfalls Meilen gutgeschrieben – Anlaß für einige Politiker, die Meilen für private Flüge in den Urlaub einzusetzen. Was dem gesunden Menschenverstand nach völlig legitim ist (jeder Lufthansakunde kann das), wurde von der Presse zu einem Skandal aufgebauscht.

Dem Volk wurde suggeriert, dass sich Politiker »durch die Lufthansa schmieren ließen« und den Parlamentariern wurde Vorteilsnahme unterstellt. Ein gefundenes Fressen für viele Boulevardmedien. Auch damit ließ sich hervorragend Wahlkampf machen. Auch damit ließ sich die Meinung der Bevölkerung bestens lenken. Gregor Gysi warf darauf hin das Handtuch als Berliner Wirtschaftssenator, und auch Ceim Özdemir, Bundestagsabgeordneter der Grünen, ging.

Doch was der Bevölkerung aufgrund taktischer Überlegungen verschwiegen wurde, war die Tatsache, dass die Politiker weder gegen das Gesetz, noch gegen moralische Werte verstoßen hatten.

Denn nicht ein Cent, den die geschenkten Meilen gekostet hatten, stammte aus öffentlichen Geldern. Nicht ein Euro war dabei, der vom Steuerzahler kam. Und wenn die angeblichen Wächter der deutschen Demokratie in den Redaktionsstuben schon darauf insistieren, dass Politiker genau so behandelt werden wie alle anderen auch, dann können sie nicht aufbegehren, wenn ein Unternehmen genau das tut.

Wären die Herren Chefredakteure und Ressortleiter ehrlich, würden sie ihre eigene Senatorkarte der Lufthansa zurück geben und erst einmal vor der eigenen Haustür kehren. Dann würden sie nicht beim Autokauf Presserabatte der Hersteller bis zu 30 Prozent in Anspruch nehmen, nicht mit »Air-Berlin« für 50 Prozent fliegen und nicht ständig kostenlose Eintrittskarten für Freunde und Verwandte zu den unterschiedlichsten

Veranstaltungen »organisieren«, nicht den Pressetarif vieler Handybetreiber (keine Grundgebühr) wahrnehmen und sich nicht bei AOL, T-Online und anderen Internetanbietern für die viel günstigeren Presseverträge interessieren.

So werden die Deutschen Tag für Tag durch viele Medien hinters Licht geführt. Nicht Aufklärung, sondern Manipulation und Verdummung haben Medienmacher sich auf die Fahnen als Ziel ihrer Arbeit geschrieben.

Das ist nicht nur bei den ganz großen Blättern und Sendern der Fall. Auch bei scheinbar seriösen Medien ist einiges suspekt.

II.
Wenn sich der Lokalchef als Herzog wähnt

Herr Stempel und sein Dünkel

Nennen wir den Mann, der da im Frühjahr 1984 zur Tür der Essener Lokalredaktion der WAZ (Westdeutsche Allgemeine Zeitung) hereinkommt, der Einfachheit halber Wolf Stempel. ER ist etwa 1,80 Meter groß, typischer Schreibtischbuckel. Mit seinem rotblonden, schütteren Haar, den kleinen hellen, obschon geröteten Augen hinter den Gläsern seiner Designerbrille und dem seriösen Lodenmantel macht er den Eindruck eines zu kurz gekommenen Managers, dessen Qualitäten nicht erkannt wurden. Sein Gesichtsausdruck läßt etwas zwischen Boshaftigkeit und Bauernschläue erahnen. Sein Mund ist ein schmaler Strich, die Augen haben etwas Lauerndes.

Der Herr, der die Tür zu einem der Büros aufschließt, ist der Leiter der Lokalredaktion, im Jargon Lokalchef genannt.

Wie ich später erfahren sollte, heißen diese Leute nicht nur so, weil sie eine Lokalredaktion leiten, sondern auch, weil man in diesen Räumlichkeiten gern die Flaschen kreisen läßt. Oft stinkt es morgens hier wie in einem Weinkeller. Neben Papier nehmen die Flaschen beim Abfall Platz zwei ein.

Wie so vieles konnte ich das am ersten Tag als Praktikant noch nicht wissen.

Es ist 10.30 Uhr, und Stempel begrüßt mich kurz, indem er mir weich die Hand gibt und mich bittet, auf einen Kollegen zu warten, der sich um mich kümmern werde. Der Kollege heißt Ingo G., trägt einen grauen Vollbart, geht gebeugt und zuckt mit dem Gesicht, ist aber ansonsten sehr nett. Er, allem Anschein nach Vollalkoholiker, soll sich in der Redaktion um Praktikanten und Volontäre (Lehrlinge) kümmern – was nicht immer gelingt.

Nach vier Wochen und einigen Artikeln ist mein Praktikum zu Ende. Allerdings kann ich als freier Mitarbeiter dort bleiben. Und so lerne ich bei der WAZ in Essen einiges kennen, was den Lesern Zornesröte ins Gesicht treiben würde, könnten sie es erahnen. Vor allem, wenn sie wüßten, welchen Stellenwert sie als Leser bei den Journalisten innehaben.

Leser, so lerne ich schnell, sind in den Augen der Blattmacher an der Sachsenstraße dumme »Hirnis«, die erst durch die Zeitung einen Blick in die Welt, in die wahren Verhältnisse erhaschen können. Der Leser ist a priori ein dummes Subjekt, dass weder Kultur hat noch die großen Zusammenhänge auf dieser Welt erkennt. Um das zu analysieren, bedarf es der klugen und braven Journalisten, die rund 40 Zigaretten am Tag paffen und meistens im Alkoholrausch vor sich hin dämmern, deren Ehen in 80% aller Fälle scheitern, und die nach innen vor ihrem Chef genau so buckeln wie der Fabrikarbeiter, den sie für ein ungehobeltes, verblödetes Wesen halten.

Besonders in den morgendlichen Redaktionskonferenzen, in denen die Themen des Tages besprochen und an die einzelnen Redakteure verteilt werden, wird deutlich: Im Grunde machen die Jungs die Zeitung für sich, nicht für den Leser.

Bei der Nabelschau ist Redaktionsleiter Stempel immer ganz vorn mit dabei. Er lamentiert, fuchtelt mit den Händen, führt Regie. Um ihn herum versammeln sich die Redakteure und Redakteurinnen. Kannen und Tassen stehen bereit. Doch kaum jemand trinkt Kaffee an dem großen braunen Tisch, statt dessen klirren die Weinflaschen um etwa 11 Uhr vormittags schon verdächtig laut. Stempel zieht erst einmal über die Konkurrenzblätter her. Wenn er lacht – und dieses Lachen ist nicht freundlich –, verzieht sich sein rötliches, pockennarbiges Gesicht zu einer spöttischen Grimasse. Da lachen die anderen schnell mit. Denn der Chef hat ja immer recht. Vielleicht will man ja auf der Leiter noch eine Sprosse höher. In diesem Fall ist es ratsam, beim Chef den Kriecher zu machen und selbst durch künstliches Lachen zu brillieren.

Stempel lamentiert zunächst einmal über die Versager im Rathaus, über den Oberbürgermeister und über die Stadtpolitik. Das braucht er für seinen Wochenend-Kommentar, in dem ein gewisser »Lupus« die Vorgänge in der Stadt betrachtet und natürlich bewertet.

Stempel macht das mit seinem Dünkel. Er gibt sich gern als global denkender Bürger höherer Klasse, der Bestandteil der Weltkultur ist. Stempel bringt es den »Unterbelichteten« in der Stadtspitze schon noch bei. Die Leser sind dabei völlig uninteressant. Eine Zeitung dient als Druckmittel, als Instrument der eigenen Eitelkeiten. Mit ihr macht man Politik bzw. im Fall Stempels den Versuch der Politisierung.

Der Mann scheint die WAZ mit der »Zeit« oder einem anderen Blatt hohen Niveaus zu verwechseln. »Macht nichts«, scheint er zu denken, »ich bin trotzdem der Größte der Stadt, denn an mir kommt keiner vorbei.«

Nicht selten brüllt Stempel in seinem Büro etwas von Arschlöchern oder Idioten. Dann brüllt er mich an, ob ich nicht gescheit wäre, weil ich einen Fehler gemacht habe. Dann ist mal wieder ein anderer Mitarbeiter dran. Er wühlt auf den Schreibtischen von Redakteuren herum, verteilt Lob und Tadel nach Gutsherrenart.

Sein ungehobelstes Stück allerdings erlaubt er sich mir gegenüber, als es mal wieder Wein zum Mittag gibt.

Saufen, bis der Arzt kommt

Als schwächstes Glied in der Kette (freie Mitarbeiter sind Dreck, auf die herabgesehen wird, wenn man sie überhaupt beachtet) und zudem noch Jüngster in der Redaktion werde ich angewiesen, die Weinflasche zu öffnen und schnappe mir den Korkenzieher. Ihn setze ich nach Meinung des Weltbürgers Stempel falsch an, was ich gezwungenermaßen wegen einer Behinderung an der linken Hand so machen muß. Stempel geht an der geöffneten Tür zum Konferenzraum vorüber, sieht mich und meint lapidar: »Blödmann.« Spöttisch grinsend zieht er weiter. Eine Art, die selbst Redaktionsassistentin Angelika B., die so gekünstelt spricht, dass sie sich kaum selbst versteht, zu einem Protest hinreißt. »Herr Steeempeeel,« jault sie, »sagen sie doch sowas nicht. Er kann doch nicht anders.« Stempels Gossenverhalten scheint für den Mann ganz normal zu sein. Auf eine Entschuldigung für seinen Affront warte ich noch heute. Gemäß seines Dünkels wird sich der Herr der Stadt aber doch nicht beim niedrigen Vieh entschuldigen. Wo käme er da hin, der Feinschmecker und Weltbürger. Da nimmt er doch lieber noch ein Glas Wein.

In der alltäglichen, fröhlichen Zecherrunde, die sich als Redaktionskonferenz tarnt, sitzen Erhardt B. und Ingo G. nebeneinander. Kaum zu glauben, dass G. den Gestank von B. absorbieren kann, geschweige denn aushält. Doch mit der inneren Ruhe des Alkoholbetäubten nimmt Ingo auch das hin.

Erhardt macht den Eindruck eines Menschen, der sich die meiste Zeit etwa einen Kilometer von der Redaktion entfernt im Freien aufhält - am Essener Hauptbahnhof.

Dreckig, speckig, mit fettigem Haar und überwucherndem Bart kommt er vormittags zur Arbeit. Öffnet er den Mund, kommt eine wahre Trümmerlandschaft zum Vorschein. Eine Rothändle nach der anderen rauchend, läßt er schon früh die Korken knallen und schenkt sich mit zitteriger Hand kräftig ein.

Das macht er bis zu seinem 50. Lebensjahr. Dann haucht Erhardt B. auf der Krebsstation des Klinikums Essen sein Leben aus. Zurück bleiben seine über 80 Jahre alte Mutter und sein schwerbehinderter Sohn. Dabei soll Erhardt nach Aussagen anderer Kollegen einmal ein Spitzenjournalist gewesen sein. An der Pariser Universität Sorbonne studierte Erhardt einst, lernte dort seine Frau kennen. Als sie ihn verließ, ging es mit dem Mann aus Dorsten steil bergab. Doch das kommt den Jungs bei der WAZ erst in Erinnerung, als sie wohlfeile Worte zu seinem Tode finden müssen. Kurz darauf war alles schon wieder vergessen.

Um den Durst der Kollegen zu stillen, hat sich eine örtliche

Brauerei der Ärmsten erbarmt und läßt zweimal in der Woche sieben oder acht Kästen Bier anliefern – kostenlos, versteht sich. Dass die Geschäftsleitung, die auch seitenweise Anzeigen in der WAZ schaltet, dabei insgeheim auf schwindende Objektivität bei den Journalisten hofft (zumindest, wenn es um das eigene Unternehmen geht), daran wollen wir hier gar nicht erst denken. Womit man sich Alkoholiker gefügig macht, dürfte klar sein: mit Alkohol.

Den Platz rechts neben B. nimmt Jochem S. ein. Ebenfalls vom Alkohol gezeichnet (»Ich schlucke wie ein Teufel«). Der Mann aus Köln mimt eine Art Michael Graeter für Arme und schreibt über den Bereich »Gesellschaft« in seiner Rubrik »Delikatessen« bzw. »Quintessenz«.

Dass das auf gesellschaftlich relevant getrimmte Geschreibsel von S. in vielen Fällen aus umgedichteten Pressemitteilungen der Stadt oder irgendwelcher Vereine besteht, scheint ihn nicht weiter zu stören. Mit unerschütterlicher Sturheit verkauft er seinen Lesern die Meldungen als selbst recherchiert und aufgeschnappt.

»Schuschu« wie ihn viele seiner Freunde in der »Gesellschaft« nennen, ist so etwas wie ein Paradiesvogel ohne Paradies.

Wie ein Boheme trägt er zum Jacket einen roten Schal, den er betont lässig über die Schulter geworfen hat. Auch er raucht Rothändle, trinkt Schampus, Wein und Sekt. Irgendwann geht seine Ehe mit einer Krankenschwester kaputt. Und wenige Jahre später ist »Schuschu« selbst hinüber. In einem bekannten Essener Nachtrestaurant endet sein Dasein auf spektakuläre Art. »Schuschus« Kehle, die schon so viel hat passieren lassen müssen, streikt sozusagen und versperrt einem Stück Fleisch den Durchgang. Jochem S. erstickt qualvoll. Immerhin ist er vier Jahre älter geworden als Kollege B.

Viel älter als beide wurde auch Peter S. nicht. Fast täglich wankte das WAZ-Urgestein aus der Reportageredaktion stinkbesoffen durch die Gänge des Hauses. In diesem Zustand hieß jeder bei ihm Heinz-Dieter, und Peter gröhlte den Namen mit langgezogener, rauher Stimme über die Büroflure. »Ich rieche Alkohoooooolllll«, war noch der einzige Satz, der seinem Munde entfuhr. Peter S. befand sich häufig in einem Rausch, der ihn nicht mehr wissen ließ, wer er war.

Auch Klaus K, ein im Grunde lieber und ruhiger Mensch, ist dem Alkohol verfallen. Seine warmen dunklen Augen sind spätestens um 14 Uhr gerötet und glasig. Abends versucht er, sich seinen hellen Trenchcoat überzustreifen und verschwindet Richtung Bahnhof, um mit der S-Bahn nach Hause zu fahren.

Doch Klaus K. kriegt noch einmal die Kurve und macht eine Therapie. Anschließend meidet er den Alkohol und macht einen zufriedenen Eindruck.

Skandal im Altenheim

Vom Vater eines Freundes erfahre ich eines Abends über skandalöse Zustände in einem Essener Pflegeheim, das dem Roten Kreuz gehört. Der Vater, der in dem Heim als Pfleger arbeitet, bittet mich um einen Besuch.

Tage später sehe ich, dass der Mann mit seinen Beschreibungen nicht übertrieben hat. In den überfüllten Zimmern siechen die Menschen vor sich hin. Viele von ihnen sind bettlägerig, von der Außenwelt abgeschirmt. Soziale Kontakte sind kaum möglich. Die Personaldecke ist so dünn, dass selbst das Nötigste oft nicht erledigt werden kann. Mehrere der alten Menschen bringen sich selbst um, indem sie sich blaue Müllsäcke über die Köpfe ziehen.

Essens Gesundheitsdezernent und die Leiterin des Gesundheitsamtes, die gleichzeitig Vorsitzende des Roten Kreuzes ist, bestreiten die Vorwürfe als ich sie in ihren Büros besuche und sie mit dem Gesehenen konfrontiere.

Sie müssen die Zeit, die ich auf dem Weg in die Redaktion in der U-Bahn verbracht habe, genutzt haben. Denn noch ehe ich ins Büro zurückkehre, ist dort eine Entscheidung gefallen.

Stempel will den Artikel nicht bringen. Das interessiere niemanden. Außerdem hätte ich nicht sorgsam recherchiert. Und ohne dass er vorher abgenickt habe, schreibe hier niemand einen Artikel. Ob irgendwelche Freundschaften oder »Leichen im Keller« seine Entscheidung beeinflußt haben, ob ihm von mir unbekannter Seite zu verstehen gegeben worden war, dass eine Zeitung nicht überkritisch sein sollte? Ich bin zu diesem Zeitpunkt noch viel zu jung und neu, um dagegen angehen zu können und füge mich. Und ich fühle mich schon damals als Bauernopfer.

Es muß ein Anruf aus dem Rathaus gewesen sein, der Stempel dazu veranlaßte, den Lesern der Essener Ausgabe der WAZ die Wahrheit zu verschweigen. Getreu dem Motto: Was bei uns nicht im Blatt steht, ist auch nicht passiert. Die größte Tageszeitung Essens macht nun einmal Meinung, wenn auch nur auf sehr begrenztem Raum.

Zum ersten Mal erlebe ich, dass Journalismus selbst bei Provinzblättern im Grunde überhaupt nichts mit Wahrheit und Unabhängigkeit zu tun hat.

Doch sei an dieser Stelle deutlich erwähnt und den Herren Journalisten ins Poesiealbum geschrieben: Der von Euch als verblödet betrachtete Leser ist viel klüger als ihr glaubt. Das bewies mir der inzwischen verstorbene Krankenpfleger aus dem Heim, als er erfuhr, dass der Artikel nicht gedruckt wurde. »Wenn manche es nicht wollen«, sagte er, »erscheint die Wahrheit auch nicht in der Zeitung. Ich hätte es mir denken können.«

»Ich mach Euch den Böhme«

Noch heute ist Stempel Leiter der WAZ-Lokalredaktion Essen. Noch heute gebietet er nach Gutsherrenart. Noch heute zuckt Ingo G. mit dem Gesicht. Und noch heute fließt der Alkohol in der dritten Etage des Verlagshauses an der Sachsenstraße in Strömen.

Stempel ist inzwischen zu dem geworden, was er immer erreichen wollte. Er hat ein Buch geschrieben, dass sich mit Einsichten, Erkenntnissen und Ansichten über diese Welt beschäftigt. Dazu ein Buch über »Essen, die Stadt«. Und – da staunt Ihr alle – unser Herr Stempel ist auch noch Talkmaster geworden. So wie Erich Böhme seinen »Talk im Turm« mit bedeutenden Gästen über den Bildschirm flimmern ließ, so veranstaltet Stempel im Europahaus in Essen sonntags eine Talkrunde, die für ihn die Welt bedeutet. So wichtige Leute wie der Theaterintendant, Amtsleiter aus dem Rathaus oder auch Vertreter der heimischen Wirtschaft tauschen vor dem Publikum ihre hoch geistigen Ansichten und Argumente aus. Stempel – ganz groß – mitten dabei. Sozusagen als Übervater der Wissenden, leitet er die Runde mit großer Geste. Nationale und internationale Themen will er mit seiner Talkrunde auf die lokale Ebene ziehen: so z. B. die Pisa-Studie, die offengelegt hat, dass deutsche Schüler so ziemlich die miesesten der westlichen Hemisphäre sind.

In Essen hat es Stempel zu gesellschaftlichem Ansehen gebracht. Mit dem Aufsichtsrat der TUP (Theater und Philharmonie) hat er zu tun. Bei Rotary und Lions ist er ein gern gesehener Gast. Und während honoriger Zusammenkünfte auf Villa Hügel, dem Stammsitz der Familie Krupp, läßt sich unser Mann gern einmal neben dem Ex-Krupp-Chef Berthold Beitz fotografieren, um sich anschließend im eigenen Blatt feiern zu lassen.

Nur schade, dass Herr Beitz nicht so recht Notiz von Stempel nimmt, weil schon so viele »irgendwers« neben ihm gestanden haben. Auch die Rotarier und die Lions hatten bereits so manchen Journalisten zu Gast. In Essen ist es nun einmal Wolf Stempel. Er bleibt eben provinziell - und insofern kommt keiner an ihm vorbei.

Günther und »Onkel« Herbert

So dachte auch Günther K. aus der Stadtteilredaktion, einer Unterabteilung der Lokalredaktion. Hier wird noch heute eine Art Dorfzeitung produziert, die nur in einer sehr geringen Anzahl von Stadtteilen erscheint. Günther, ein Journalist vom alten Schlag mit Hosenträgern und ausgeprägter Computerfeindlichkeit, scheint in einer völlig anderen Welt zu leben. Manche begründen das mit einer alten Kriegsverletzung, andere halten ihn einfach für geisteskrank.

Günther stört das wenig bis gar nicht. In seinem Büro, das ich zeitweise mit ihm teilen muß, hackt er recht belanglose Artikel über Straßenfeste, Kanalbauarbeiten oder Karnevalssitzungen in seine Schreibmaschine. Ja, Karneval! Da wird der Endfünfziger mit Kinnbart, Brille und grau-schwarzem Haar aber munter. Hoch auf dem bunten Wagen sitzt er an Rosenmontag und läßt sich betrunken beim Umzug durch die Innenstadt schaukeln. Schon Tage vorher wird er hektisch, dichtet wahre Büttenreden in Artikelform und besucht eine närrische Sitzung nach der anderen.

Außerhalb der Session faselt der Mann hinter seinem Schreibtisch bisweilen höchst Merkwürdiges.

In politisch ganz hohen Kreisen verkehre er, versichert er mir eines Tages. Und zu mir hin gebeugt, als dürfte es kein anderer erfahren, fragt er: »Weißt du eigentlich, wer vor ein paar Jahren bei mir auf dem Geburtstag war?«

Als ich erwartungsgemäß verneine, holt Günther tief Luft. Dann beginnt er ganz von vorn.

Man habe mit einigen Leuten am späten Abend zusammengesessen, als plötzlich die Straße, in der er wohnt, von beiden Seiten gesperrt wurde. Polizei mit Blaulicht sei vorgefahren und ein dicker Mercedes. Aus dem Fond sei kein geringerer als Herbert Wehner geklettert. Genau, »Onkel« Herbert, der damals noch Fraktionschef der SPD im Bundestag war und den Beinamen »Zuchtmeister« trug. Der knorrige alte Mann mit Brille, Pfeife und schiefem Mund ließ es sich nicht nehmen, seinem alten Freund Günther zum Geburtstag zu gratulieren.

»Onkel Herbert hatte gerade einen Termin in der Nähe«, versichert K., »da kam er kurz vorbei.«

Minuten später stöhnt er, er habe MS (Multiple Sklerose) und könne im Auto kaum noch die Kupplung treten. Dann schreit er mich mitten drin an, ich solle endlich das Rauchen aufgeben. Stunden später gießt er mit dem Hinweis, er müsse abnehmen, flaschenweise Mineralwasser in sich hinein. Mit aufgeblähtem Gesicht läßt er die überschüssige Kohlensäure entweichen.

Nach gut anderthalb Jahren WAZ beschließe ich zur Konkurrenz im eigenen Verlagshaus zu wechseln. Die NRZ (Neue Ruhr/Rhein Zeitung) hat zwar eine deutlich geringere Auflage, erscheint mir aber journalistisch interessanter. Im Sommer 1986 beginne ich dort.

III.
Als Provinzjournalist hinaus in die Welt

Witten an der Ruhr ist ein schönes Städtchen am Südrand des Ruhrgebietes. Dort, gibt es noch Natur gibt und der Einwohner ist eher dem Sauerland, als dem Revier zugetan ist.

In dieser Gegend entstanden die ersten mit Wasserkraft getriebenen Hämmer zur Bearbeitung von Eisen, die ersten Zechen und ein Mann, der sich bezüglich des deutschen Journalismus für mindestens genauso wichtig hält wie es die industriellen Vorreiter für die ökonomische Entwicklung des Ruhrgebietes waren.

Dirk H., der weitere Name ist nicht erwähnenswert, kam nach mir zur NRZ (Neue Ruhr/Rhein Zeitung). Dort hatte ich 1986 während des Studiums als freier Mitarbeiter angefangen und war in der Lokalredaktion Essen als Polizeireporter untergekommen.

Mit Vitamin B, das aus einem Sportredakteur der NRZ bestand, war H. zur Zeitung gelangt. Denn sein Handballverein TuS Humann vom Gymnasium in Essen-Steele spielte immerhin in der zweiten Liga und damit auch eine Rolle für die Öffentlichkeit. Die regionalen Zeitungen berichteten über die Spiele des Teams. Und so kam H. mit dem Journalismus in Kontakt und heuerte als Freier in der Sportredaktion an. Dirk H. hatte gerade das Abitur hinter sich, einen kritischen Geist, eine noch bessere Schreibe, aber nicht den Anflug von Kollegialität.

Doch genau das muss es gewesen sein, was den Chefredakteur – der legendäre Jens Feddersen – auf den jungen Mann aufmerksam machte. »Guter Mann« murmelte Feddersen, wenn er mal nicht schlecht gelaunt war und knurrend, in gebückter Haltung weiter über die Flure des Hauses schlurfte. Dirk H., der dem Anforderungsprofil des »Alten«entsprach, hatte jedoch plötzlich seinen Arbeitsvertrag als Volontär in der Tasche.

H. sieht sich noch heute als kritische Instanz im Hause der NRZ. Er hält seiner Meinung nach die Fahne der journalistischen Unabhängigkeit in Essen hoch und mimt somit eine Art Übervater aller Journalisten (aber nur der bei WAZ und NRZ). Was für Stempel bei der WAZ gilt, stimmt auch in gewisser Form für Dirk H. Er glaubt sich unantastbar, erhaben und absolut objektiv.

Doch sein überkritischer Kopf macht ihm so manchmal einen Strich durch die Rechnung. Dirk H. sieht in jeder Partei, in jedem offiziellen Gremium und vor allem in Behörden Instrumente dunkler Verschwörungen. Verschwörungen freilich, die nur zu dem Zweck gegründet wurden, um ihn – Dirk H. – den Nachfolger von BOB und BOB, die einst in der »Washington Post« die Watergateaffäre aufdeckten, in seinem wahrhaftigen Wirken für die Menschheit zu stören.

Es scheint als erhebe H. Absolutheitsanspruch auf das Verbreiten der objektiven Wahrheit. Geradezu päpstliches Denken verleitet ihn offensichtlich zu dieser Haltung. Päpstlich-dogmatisches Denken. Nur ich kann die Wahrheit verbreiten, weil ich ein direkter Abkömmling von ihr bin.

Da lässt das »Hirn« der NRZ auch keine richterlich anerkannten Gutachten gelten oder die Aussagen vereidigter Zeugen. Ein Fall, in dem sich Dirk H. als der große Investigator sah, ist mir in besonderer Erinnerung geblieben.

Ein heißer Sommertag des Jahres 1988, der die Stadt nahezu lähmt. Die Menschen besuchen die noch zahlreich vorhandenen Freibäder, den Grugapark oder verweilen bei einem Bierchen an den Ufern der Ruhr und des Rhein-Herne-Kanals. Eine Idylle, die um 14:20 Uhr plötzlich zerstört wird. Aus einer harmlosen Verkehrskontrolle heraus entwickelt sich ein Geschehen, das eine Stunde später niemand mehr unter Kontrolle hat und am Ende ein toten Jugendlichen aufweist.

Ein türkischer Jugendlicher (14) fährt auf dem Mofa eines Freundes durch den Essener Stadtteil Frohnhausen. Einer Streife fällt das Gefährt wegen des fehlenden Versicherungskennzeichens auf. Die beiden Polizisten beschließen, den Jungen anzuhalten. Ein Vorgang wie er täglich millionenfach auf der Welt vorkommt.

Doch der Jugendliche, er wird später als »bärenstark« und groß beschrieben, will sich nicht so einfach kontrollieren lassen und versucht zu flüchten. Dadurch kommt es zu einer Rangelei mit den Beamten, in deren Verlauf der junge Türke einem der Polizisten die Dienstwaffe entreißt. Mit der Pistole in der Hand rennt er ein paar Meter davon.

Dann dreht er sich um, zielt auf die Beamten und drückt ab. Einer der Polizisten geht zu Boden. Der zweite dreht durch und brüllt ins Funkgerät, der Kollege sei erschossen worden (später stellt sich heraus, dass er lediglich vor Schreck bewusstlos zusammengebrochen war).

Jetzt gibt es kein Halten mehr. Aus ganz Essen und aus Nachbarstädten rasen Streifenwagen heran. Unterdessen flüchtet der 14-Jährige weiter auf seinem Mofa und hält durch eindeutige Drohgebärden mit der Waffe seine Verfolger auf Distanz. Schüsse in die Luft verleihen seiner Entschlossenheit größten Nachdruck.

Doch eigentlich weiß er gar nicht, wohin seine Flucht gehen soll, was sein Ziel ist. Das Mofa hat der Junge längst abgelegt. Völlig kopflos rennt er durch die Straßen seines Stadtteils, überquert eine Eisenbahnbrücke und klettert über einen Zaun in einen Garten, der direkt an den Gleisen liegt. Dort hangelt er sich aufs Dach der Laube – und schießt wieder in Richtung der Polizei.

Als der Junge erneut anlegt, feuert einer der Beamten zurück. Eine Sekunde lang herrscht Stille nach dem ohrenbetäubenden Knall des Schusses. Dann, wie in Zeitlupe, stürzt der Körper des Jugendlichen zu Boden. In einer Spalte zwischen der Hütte und einer Mauer zu den Gleisen bleibt der Junge stecken. Als ein Notarzt ihn untersuchen kann, ist er bereits tot.

Sofort reißt Dirk H., unterstützt vom neuen Redaktionsleiter, den Fall an sich. Zusammen mit seinem Freund und Kollegen Wolfgang K., der vom Kirchenblatt »Ruhrwort« zur NRZ gekommen war, macht er sich an die Arbeit.

Seine aschblonden Locken zittern vor Erregung, sein schmales, blasses Gesicht mit dem verkniffenen Mund verrät äußerste

Anspannung. Die wässrig-hellen Augen lassen erahnen, was sich hinter der schmalen Stirn des Dirk H. so alles abspielt.

Als er von der Pressekonferenz der Polizei zurückkommt, wird H. plötzlich zum selbsternannten Fachmann für Waffentechnik. »Die Pistole war aufgeschossen« so berichtet er im Jargon der Waffenkenner, »ein untrügliches Zeichen dafür, dass keine Patrone mehr drin war.« »Aufgeschossen«, so belehrt er uns Dumme, sei eine Pistole, wenn der Schlitten eine bestimmte Stellung einnimmt. Deswegen, so sein Resümee, habe die Polizei den Jungen geradezu hingerichtet. Nicht zuletzt, weil der Jugendliche Türke gewesen sei. Zudem hätte der Schütze der Polizei an der Stellung des Schlittens erkennen müssen, dass der Junge eine leergeschossene Waffe in den Händen gehalten habe.

In der schmal ausgerichteten Vorstellungswelt des Dirk H. sind die meisten Polizisten Rechtsradikale, die nur darauf warten, nach SA-Manier agieren zu können und aufgrund ihrer Stellung machen können, was sie wollen, ohne dafür die Konsequenzen tragen zu müssen. H. hat wohl Probleme mit Autoritäten. Vielleicht ein Trauma aus dem Elternhaus? Vielleicht wurde er immer mit aller Konsequenz für seine Fehler bestraft? So wie er es heute mit Polizisten, Politikern und Behördenvertretern machen will. Gar nicht mal, weil sie tatsächlich Fehler machen, sondern weil sie sozusagen von Amts wegen in der Vorstellung von Dirk schlechte Menschen sind.

In der Mitte des Großraumbüros unterstreicht H. seine Auffassung mit einem lächerlichen Auftritt. Mit dem Gesicht zur Wand streckt er beide Arme nach vorn und legt die rechte Faust in den linken Handteller, dann dreht er sich in Krimi-Manier langsam zu uns um, in den Händen eine imaginäre Pistole. Er zielt in Kampfposition auf das Ende des Großraumbüros und »drückt ab«

»So haben sie ihn erschossen« erläutert er. Noch Tage später, der Fall ist selbstverständlich immer noch Thema der Presse, ist Dirk H. davon überzeugt, dass die Polizei ihre Schuld am Tod des Schülers vertuschen will, ohne es beweisen zu können.

Innerhalb des Polizeipräsidiums mehren sich die Stimmen gegen Dirk H. Nie wird er mit seinem Verhalten in den Reihen der Polizei einen verlässlichen Informanten bekommen. Nie kommt er so an wirklich spannende Geschichten und Infos, die ein Polizeireporter braucht. Aber das will H. auch gar nicht. Für ihn ist Journalismus ein Instrument, um seine kruden politischen Vorstellungen einem breiten Publikum, der Leserschaft, überzustülpen. Ihm geht es nicht darum zu informieren, sondern sich zu profilieren. Wieder einer aus dem Kabinett der Eitelkeiten und Psychosen, aus dem erlauchten Kreis der deutschen Journallie.

Einige Monate später sieht Dirk H. schon wieder seine Welt durch Autoritäten des Staates bedroht. In Essen treffen sich einige hundert Demonstranten, darunter Angehörige des Schwarzen Blocks, Chaoten und Punks, um für die des Terrorismus verdächtige Dr. Ingrid Strobl zu demonstrieren, die dort in U-Haft sitzt.

Die Demonstration führt am Polizeipräsidium vorbei, das mit Leuchtspurmunition beschossen wird. Ich beobachte Dirk H., sehe seinen erwartungsvollen Blick, als eine Gruppe von Polizisten mit gezückten Schlagstöcken gegen die Störer vorgeht.

Später wird in der NRZ stehen, dass die Beamten brutal und rücksichtslos auf einen am Boden liegenden, natürlich völlig harmlosen Demonstranten eingeknüppelt hätten.

Fotos und Videoaufnahmen der Polizei sprechen dagegen. Doch das stört Dirk nicht, denn objektiv ist ja nur er. Wieder hat er seinem Weltbild entsprochen und sich die »Fakten« so zurechtgelegt wie sie ihm am besten passen. Wieder hat er es allen gezeigt und die vermeintlichen Lügner im Dienste des Staates entlarvt.

Dabei scheint der Jungredakteur nicht zwischen Gut und Böse in den Reihen der Kommunalpolitiker, Behörden und Staatsinstitutionen zu unterscheiden. Mal abgesehen von den Grünen, die in diesen Jahren gerade Furore als alternative Partei gemacht haben, sind in seinen Augen alle anderen, die sich mit Politik beschäftigen, Lügner. Wer nicht für die Grünen ist, ist auch gegen Gerechtigkeit, Wahrheit und Wahrhaftigkeit. Für Böswilligkeit, politischen Betrug und Pöstchenschieberei.

Irgendwann gerate ich mit Dirk H. aneinander. Seine arrogante Art passt mir nun gar nicht. So nehme ich die nächstbeste Gelegenheit wahr, um ihm an den Karren zu fahren. Es geht um die SPD in Essen und ihre Sozialpolitik, die ich in dem Gespräch verteidige.

H. wird blass vor Wut, seine tiefliegenden Eidechsenaugen blicken mich kalt an. Dann bricht es aus ihm heraus. »Du bist freier Mitarbeiter, nicht einmal Redakteur. Was kannst du da schon über Politik wissen! Du weißt doch gar nicht, was in Wirklichkeit gespielt wird. Wahrscheinlich bist du ein von der SPD Gesandter, der uns hier untergraben soll.«

Aus den wenigen, von psychischem Druck und Verfolgungswahn geprägten Sätzen ist klar ersichtlich, welche Haltung sich Dirk H. – wahrscheinlich auch heute noch – anmaßt. Oft mimt er den Oberlehrer und erklärt Praktikanten: »Eine Nachricht heißt so, weil man sich nach ihr richten können soll.« Damit will er akkurates Schreiben bei den jungen Leuten einfordern, die nicht selten älter und erfahrener als er sind.

Manchmal treibt er es so weit mit seiner dümmlichen Arroganz, dass ihn selbst sein Freund Wolfgang K. zur Ordnung ruft: »Dirk, so kannst du mit den Freien nicht umgehen. Das sind keine Menschen zweiter Klasse.»

Doch Dirk H. kann auch anders. Meistens vollzieht sich kurz vor Weihnachten ein Wandel in ihm. Dann, wenn Hunderte von Flaschen Schnaps, Wein und Sekt in der Redaktion eintreffen. Geschenke von Essener Firmen, Institutionen, Vereinen, Parteien und der Stadtverwaltung, die H. ja nun gar nicht mag.

Am letzten Arbeitstag vor dem Fest übernimmt er in der Redaktion – selbst den älteren Kollegen gegenüber – eine Art krankhafte Vaterrolle, indem er pro Mitarbeiter einen kleinen Kreis aus Flaschen bildet und jeden davon mit einer Nummer versieht.

Anschließend legt er Zettel mit den jeweiligen Nummern in

eine Gefäß. Dann darf jeder ein Los ziehen und hat damit den entsprechenden Kreis gewonnen.

Dirk freut sich dabei wie ein Kind und erkundigt sich persönlich bei fast jedem, ob er denn zufrieden sei. Spielt er wohl in irgendeiner Weise seinen eigenen Vater?

Mit schlecht dargestellter scheinheiliger Sorge geht er dann zu jedem Kollegen und fragt, ob die Auswahl der Getränke denn so in Ordnung sei. Zur Not – das erlaubt er – könne man ja untereinander tauschen.

Wenn alle ihre Zufriedenheit geäußert und damit ihre Ruhe vor ihm haben, fährt Kollege H. gut gelaunt nach Hause.

Das ist nun gut 15 Jahre her, und Dirk H. sitzt heute in der Politikredaktion unseres Provinzblattes. Noch immer glaubt er wichtig zu sein. Gönnen wir es ihm.

Arno ist Sozialexperte

Wer hätte das gedacht! Bei unserem Lokalblatt NRZ gibt es auch einen Sozialexperten. Arno wird er genannt, Arnold heißt er, und er ist stellvertretender Chef-Redakteur.

Nahezu täglich langweilt er seine Leser auf Seite zwei mit Kommentaren über die deutsche Sozialpolitik, seziert, was damals noch in Bonn beschlossen wurde und tritt – zumindest schriftlich – für ein entschieden soziales Klima in Deutschland ein. Hätte dieses Klima doch auch nur bei der NRZ geherrscht. Vielleicht nur einen Tag lang, zur Probe. Es hätte ja nichts schaden können, denn das Gespenst wäre ja nach einem Tag wieder vorbei und alles wie zuvor gewesen.

Doch auf diesen Gedanken kamen Chefredakteur Feddersen und sein Co. Arno Gehlen einfach nicht. Statt dessen zitterten die Mitarbeiter der Zeitung vor Arno, als käme der liebe Gott persönlich daher.

In der Bezirksredaktion, die auf dem gleichen Flur, wenige Türen von der Essener Lokalredaktion entfernt liegt, bekommen die Journalisten Schwitzehändchen, wenn Arno im Türrahmen erscheint. Als ich ihn zum ersten Mal sehe, beachtet er mich gar nicht. Brav sagen alle im Büro »Guten Morgen, Herr Gehlen!«, wie auf einem Kasernenhof.

Die gebückt gehende Gestalt mit Hornbrille und weißem, zum Pagenschnitt konstruierten Haar hält eine brennende Zigarette in der Hand. Achtlos läßt Arno die Asche auf den Boden fallen. Heimtückische braune Augen blicken in die Runde. Sie gehören zu einem dicklichen Gesicht mit herabhängenden Mundwinkeln.

Mit vor Schreck starren Augen sitzen die Redakteure vor ihren Computern und tippen, was das Zeug hält. Eine Darbietung, die an Entwürdigung nichts zu wünschen übrig läßt. Sie erinnert an eine Schulklasse, in der verschüchterte Kinder sitzen, die Angst vor dem Lehrer haben. Mit lauter, schnarrender Stimme faselt Arno Gehlen davon, dass gestern die Niederrhein-Ausgabe ja wohl unter aller Sau gewesen sei und er hier (gemeint ist die Bezirkrsredaktion, die für den Zusammenbau und die Kontrolle der einzelnen Lokalausgaben zuständig ist) aufräumen werde. Aus den Mündern kommt nur ein »Ja, Herr Gehlen« und »entschuldigung, Herr Gehlen.« Als Gehlen wieder schlurfend aus dem Büro verschwindet und hinter sich die Tür zuknallt, atmen alle auf.

Das sind also die kritischen Journalisten, die objektiv und mit ausgereifter Persönlichkeit die Vorgänge in der Welt beurteilen sollen. Menschen, denen ein gewisser Habitus eigen sein müsste. Statt dessen bestehen sie aus geprügelten Seelen, aus verängstigten Arbeitsbienen, denen es nur mittwochs etwas besser geht. Denn an diesem Tag besucht Arno Gehlen die Außenredaktionen und treibt dort sein Unwesen.

Arno schafft es auch noch, seine allseits im Hause unbeliebte Tochter Eva bei der Zeitung unterzubringen. Bezeichnenderweise nicht bei einem anderen Blatt, wie es aus Gründen der Rücksichtnahme gegenüber den Kollegen im Hause angebracht wäre, sondern bei der NRZ. Aber Rücksichtnahme gegenüber Kollegen? Wozu denn das, wer verschwendet damit seine Zeit?

Nichts da! Eva wird als Volontärin gepflanzt und erscheint eines Tages auch in der Lokalredaktion Essen.

Schön freundlich sind alle zu ihr, denn sie ist ja die Tochter von Arno. Nur ihr Handwerk versteht sie nicht so richtig. Sie ist von Beruf eigentlich mehr Tochter als Journalistin.

Deswegen will ich hier auch nicht näher auf sie eingehen.

Einmal treffe ich mit Arno Gehlen in einer für ihn wichtigen Sache zusammen. Mit dem Leiter der Essener Redaktion muß ich bei ihm antreten, weil sich irgendjemand aus der heimischen Wirtschaft über meine Verlagssonderseiten beschwert hatte, die ich im Auftrag des Hauses über das Essener City-Center geschrieben hatte.

Mit seiner schnarrenden Stimme legt er mir die Seiten nacheinander vor und fragt jedesmal in gelangweiltem Ton: »Waren sie das?« Ich antworte jedesmal mit »Ja«.

Am Ende des aufschlußreichen Gesprächs erkläre ich, dass ich im Auftrag des Hauses gehandelt habe und die Seiten auch so wie sie sind durch die Endkontrolle gegangen seien.

Da konnte Arno nichts machen und er hatte eine Niederlage gegen den kleinen, nichts bedeutenden freien Mitarbeiter einstecken müssen.

Das muß Gehlen irgendwie missfallen haben. Denn meine Bewerbung um ein Volontariat bleibt damals bei ihm liegen – unbearbeitet, ungesehen und unbeantwortet. Eigentlich müsste sie noch heute bei der NRZ liegen, wenn Arno sie nicht vor Jahren mit ins Grab genommen hat als er nach einem Herzkasper diese Welt verließ.

Aus dem versprochenen Volontariat wurde also nichts. So blieb ich noch einige Jahre bei der NRZ als freier Mitarbeiter und durfte noch so manchen Kollegen kennenlernen.

Romi hat ein Problem

Rolf-Michael S. ist neben Ludwig W., dem Kulturredakteur (übrigens der einzige, den ich bei der NRZ zusammen mit Gerd Winkelmann als völlig normal empfand) der Älteste in der Lokalredaktion Essen. Allein schon deswegen müsste man von ihm etwas mehr Reife, Weitsicht und Erfahrung im Berufsalltag erwarten dürfen. Doch wer das macht, bewegt sich auf dünnem Eis.

Irgendetwas stimmt mit Romi, so sein Spitzname, nicht. Damals, knapp über 40, wird er in bestimmten Situationen immer noch rot, hochrot sogar.

Sein Kopf nimmt meist dann die Farbe französischen Landweins an, wenn Frauen im Spiel sind. Für Romi müssen das unberechenbare, geradezu bedrohliche Wesen sein. So haben manche Frauen ja die Eigenschaft, im Manne sexuelle Erregung hervorzurufen. Auch das muß für Romi etwas sein, dass man(n) lieber nicht haben sollte. Davon kriegt er nämlich wieder einen französischen Weinkopf.

Wenn die Redaktionssekretärin ihn anspricht, wird er rot. Wenn Arno G. oder gar Feddersen, der große Chef, ihn ansprechen, wird er ebenfalls rot. Selbst seine Glatze, die von sehr schütterem, rotblondem Haar geziert wird, macht da mit.

Romi sitzt so dann und wann an der Kopfseite unseres Großraumbüros. Dort befindet sich der Platz des Planers, der den Kollegen die Länge ihrer jeweiligen Artikel zuweist und das Layout der Ausgabe übernimmt.

Die Jungs in der Lokalredaktion haben in Sachen Planung ein gut funktionierendes Rotationssystem eingeführt. Jeder kommt mal für eine Woche als Planer dran.

Wenn Romi an der Reihe ist, verwandelt sich der Planer-Platz in eine Festung. Aus unerfindlichen Gründen scheut der Mann die Nähe der übrigen Kollegen. Niemand darf in seine Nähe kommen, wenn er den Satzspiegel zeichnet. Deswegen baut er sich aus fahrbaren Tischen, dem Schreibtisch und der Fensterseite mit Heizung ein unüberwindliches Karree, in dessen Mitte er unantastbar hockt. Versucht einer doch einmal die Hürden zu überwinden, indem er das fahrbare Tischchen verrückt, tickt Romi aus.

Kopf und Hals schwillen nahezu zu einer Einheit an. Kreischend beschwert er sich, dass man Rücksicht zu nehmen habe und er es bei Gott nicht ausstehen könne, wenn alle um ihn herumtanzen. In Panik reißt er das Tischchen wieder an die für ihn richtige Stelle, schiebt und schubst den Kollegen, der ihm zu nahe gekommen war, von sich.

Sekunden danach ist aus dem Weinkopf ein farbloser Schädel mit leichtem Schweißfilm geworden. Leichenblass sitzt Romi wieder und zeichnet mit stechendem Blick weiter am Satzspiegel. Eine Welle des Wahnsinns muss den Mann für kurze Zeit erfasst haben, anders ist sein Verhalten kaum zu erklären. Ist es die Angst, der Arbeit, dem täglichen Druck nicht gewachsen zu sein? Gut möglich, denn wenn Romi nicht plant, ist er als Redakteur mit dem Ressort »Wirtschaft in Essen« beschäftigt. Doch das beschränkt sich nach Angaben eines Kollegen auf das Umformulieren von Pressemitteilungen oder auf den Besuch von Pressekonferenzen. Auch fade Artikel über den Erfolg oder Mißerfolg von Schlußverkäufen gehören zu seinem Repertoire. Romis Texte lassen kritische Informationen zur wirtschaftlichen Lage, Analysen über Pleiteunternehmen oder die Meinung der Gewerkschaften zu bestimmten Problemen vermissen.

Ganz begeistert ist er auch, wenn es etwas über die Kirche, besonders die katholische, zu berichten gibt. Immerhin ist Essen Sitz des Ruhrbistums und hatte damals mit Franz Hengsbach einen weit geachteten Bischof. Das ist genau das Richtige für unseren Mann.

Im Bistum haben Frauen nichts zu melden; es gibt offiziell nicht einmal gedankliche Unzucht. Da ist alles hübsch konservativ, unverrückbar, knöchern und kalt – für Romi ein Ort der Erholung. Hier kann ihm nichts passieren, wachen kirchliche Autoritäten über die Einhaltung der Verhaltensregeln.

In dem Essener Journalisten haben sie ein williges Opfer gefunden, das völlig unreflektiert die Politik der Kirche in die Öffentlichkeit trägt. Niemals müssen sie ein kritisches Wort aus seiner Feder fürchten. Stets ist er zur Stelle, wenn sie rufen. Ein wahrer Hofberichterstatter, der linkisch grinsende Bücklinge macht, wenn er dem Bischof die Hand schütteln darf.

Nicht selten langweilt Romi mich mit Erzählungen aus dem Reich der katholischen Kirche. Und natürlich mit der Geschichte, dass er einmal mit einer NRW-Wirtschaftsdelegation nach China fliegen durfte. Mit an Bord war der damalige Wirtschaftsminister Diether Posser. Dabei sei man im arabischen Raum zwischengelandet und habe die Türen der Maschine geöffnet. Dort war es so heiß, dass Romi im Flugzeug aus dem Schlaf erwachte.

Jaja, es ist schon interessant, was so ein Wirtschaftsredakteur zu berichten weiß. Er gehört zu der in Deutschland weit verbreiteten Sorte Journalisten, denen eine Information nur als exklusiv verkauft werden darf – ganz gleich, ob sie es ist oder nicht. Wird der Mann gebauchpinselt, steht die Information am nächsten Tag im Blatt. Der Manipulation der Öffentlichkeit sind so Tür und Tor geöffnet.

Fullmann und das Mittelmeer

Ein weiterer Ja-Sager begegnet uns in der Gestalt des Leiters der Lokalredaktion, den wir hier Heinrich Fullmann nennen wollen. Der smarte Vollbartträger ist erst Ende dreißig, trägt immer brav seine Krawatte und kehrt an seine alte Wirkungsstätte zurück. Irgendwann einmal war er Polizeireporter in der Redaktion bevor er in die Reportageabteilung wechselte. Das SPD-Parteibuch in der Tasche, wurde Fullmann schon früh von Chefredakteur Feddersen, der sich gern im eigenen Blatt zusammen mit NRW-Ministerpräsident Johannes Rau ablichten läßt, gefördert. Das ehemalige SPD-Blatt NRZ läßt Ja-Sager nun mal nicht im Stich. Und so kommt Fullmann an den Posten des Lokalchefs wie die Jungfrau ans Kind. Auch wenn er nach kurzer Zeit schon auf die ihn fördernde SPD in Essen eindrischt (auch seine Frau soll nicht unbedingt durch Leistung zur Rektorin einer Schule geworden sein), wird er den Ruch des Günstlings nicht los und sorgt durch bloße Anwesenheit für den Weggang einiger Kollegen aus der Redaktion.

Über Fullmann gibt es eigentlich nichts von Interesse zu berichten, außer dass er in ständiger Angst lebt, das Blatt nicht voll zu kriegen, Kettenraucher ist und in fachlichen Diskussionen seinen Untergebenen meist unterliegt.

Und da wäre noch der peinliche Auftritt an einem Sommermorgen. Wenige Wochen zuvor hatte sich die Essener Stadtspitze um eine Partnerschaft mit Tel Aviv beworben. Jetzt sollte der Werbebesuch der Essener in Israel stattfinden. Mit dabei natürlich Wolf Stempel von der WAZ und Fullmann, der eines Morgens mit mit hochmoderner Sonnenbrille auf der Nase in der Redaktion erscheint. Scheinbar nebenbei bemerkt er: »Tja, ich muß mich langsam an das Mittelmeerlicht gewöhnen.« Wie er das Mittelmeerlicht mittels einer Sonnenbrille nach Essen holen will, erklärt er uns nicht. Will er auch gar nicht. Er will uns kleinen unwichtigen Figuren damit sagen, dass er zu einer gewissen Elite zählt. Immerhin darf er zusammen mit Ratsleuten, Wirtschaftsvertretern und dem Oberbürgermeister nach Tel Aviv fliegen. Und weil er uns das nicht über den Weg der Kompetenz vermitteln kann, macht er sich halt ungewollt zum Clown. Fulli scheint das völlig egal zu sein. Wahrscheinlich hat er es nicht einmal bemerkt.

Dass aus der Städtepartnerschaft nichts geworden ist, sei hier nur am Rande erwähnt. Ob es an Stempel und Fullmann lag, ist nicht mehr zu rekonstruieren.

Ein Kollege bei der BILD-Zeitung sollte später einmal zu mir sagen: »Fullmann? Mit dem war ich in einer Klasse. Der spuckte damals schon beim Sprechen und hatte ständig feuchte Hände.«

Theo und die »Zeit«

Stellen Sie sich einen Mann vor, der zeit seines Lebens unter seiner Größe leidet, davon einen mißmutigen Gesichtsausdruck bekommen hat und sich ansonsten etwa so wie Dirk H. gibt, den man getrost als Ziehsohn von Theo bezeichnen kann. Theo, das ist ein über zwei Meter großer Redakteur, der sich bis zu seinem Wechsel in die Reportageredaktion mit der Essener Lokalpolitik beschäftigt hat.

Es ist nicht einmal Inkompetenz, die ihn in meinen Augen zu einem schlechten Journalisten macht. Auch schreiben kann er hervorragend. So erinnere ich mich an eine wunderbare Reportage von ihm über die typischen Kioske im Ruhrgebiet, die hier »Bude« genannt werden. Gefühlvolle Zeilen, die Theos Liebe zum Revier verraten. Nahezu hingehauchte, gegossene Sätze, die jeder gern liest.

Das ist die eine Seite seines Wesens: gefühlvoll, was er aber nicht gern zeigt, traditionsverbunden und irgendwie verletzbar. Die andere: Theo sieht – ähnlich wie H. – ständig Leute um sich, die ihm angeblich etwas wollen. Sein Verfolgungswahn geht sogar so weit, dass er Redakteure, die Mitglieder der SPD sind (was bei einer SPD-Zeitung wie der NRZ kaum verwunderlich ist), geradezu verabscheut. Manchmal denkt er, sie seien als Spione von der Partei in die Redaktion geschleust worden.

Besonders angetan hat es ihm der damalige Essener Oberbürgermeister Peter Reuschenbach, der gleichzeitig Bundestagabgeordneter ist. Ihn betrachtet Theo als rechten Kameraden und versucht verzweifelt, durch seine Artikel Störmanöver gegen dessen Politik zu fahren.

Ein ungleiches Spiel, denn nie kann er Reuschenbach ernsthaft gefährden. Nie stört sich der OB am Geschreibe von Theo. Das macht den Zweimetermann nur noch wilder. Sein Futter bekommt er meist von den Grünen, die damals noch in Opposition zur SPD in Essen standen, was sich aber schnell ändern sollte.

Auch dabei merkt der große Theo, der sich gern politikwissend gibt, nicht, dass er von Politikern instrumentalisiert wird.

Hat jemand seiner Tipgeber aus der Politik das Bedürfnis, einem Konkurrenten eins auszuwischen, trifft er sich mit Theo vornehmlich im »Bahnhof Süd«, einer alternativen Kneipe, die Ende der 1980-er in Essen »in« ist. Dort werden dann angeblich hoch brisante Geheimnisse besprochen, die der Politiker Tage später in der Zeitung wiederfindet – geschrieben und verbreitet von Theo. Und schon ist eine politische Diskussion bei der Stadtspitze im Gange. Der Tippgeber hält sich schön zurück, und Theo steht im Regen.

So machen sich Politiker Journalisten zu Narren, denen sie nur ein paar Worte sagen müssen, und schon haben sie erreicht, was sie wollen.

Theo sieht das natürlich ganz anders. Zumal irgendwann auch seine große Stunde schlägt.

Die kommt in Form eines ehemaligen Kollegen, der das Glück hatte, zur Wochenzeitung »Die Zeit« wechseln zu können. Das links-liberale Blatt gilt noch heute als Institution in Deutschland und gleicht eher einer Zeitschrift als einer Zeitung.

Die Querelen in der Essener SPD hat sich der Kollege zur Aufgabe gemacht und will darüber einen großen Artikel veröffentlichen. Da ist Theo sein Ansprechpartner.

Endlich kann er mal nach Herzenslust seinen Frust abladen und einer viel größeren (und wichtigeren!) Anzahl von Lesern erzählen, was in der Essener Politik alles falsch läuft. Wer da die Fäden zieht und in dunklen Kanälen fischt, wer mit wem »Leichen im Keller« hat und wie verkrustet-konservativ diese Bande ist.

Christian und Theo, Sohn eines Gastwirtes, rutschen in der Redaktion auf den Knien herum. Um sich verstreut haben sie Blätter. Sie versuchen eine Art Organigramm zu erstellen, das zeigen soll, wo die Verflechtungen in der Politszene der Ruhrgebietsstadt sind. Tagelang arbeiten sie an dem Artikel. Dann ist er endlich fertig und erscheint in einer der Ausgaben der

»Zeit«. Theos Name steht mit in der Autorenzeile. Die Glückwünsche der Kollegen sind ihm sicher. Vielleicht auch ein kleines Honorar. Doch was ihn am meisten freut ist die Tatsache, in der »Hall of Fame« der deutschen Journalisten zu sein, in der Bundesliga zu spielen, und allen, wirklich allen gezeigt zu haben, was er drauf hat und dass sie sich vor ihm nicht verstecken können.

Nun ist sicherlich grundsätzlich nichts dagegen zu sagen, wenn ein Journalist für ein renommiertes Blatt schreibt, sei es auch mit tatkräftiger Hilfe eines anderen. Eine Schieflage bekommt die Sache aber dann, wenn rein persönliche Motive, wie Geltungssucht, dahinter stecken. Freilich kann sich niemand von Egoismus freisprechen – wir Journalisten am allerwenigsten. So steht Theo Ende der 1980-er Jahre im Grunde auch stellvertretend für viele hundert andere Journalisten in Deutschland. Die Tatsache, dass er in der »Zeit« über Essens Politprobleme schreibt, ist weniger relevant als die Frage nach dem Warum. Denn die Frage, warum sich jemand in Bayern oder in einem anderen Teil Deutschlands für die Lokalpolitik einer Stadt im Ruhrgebiet interessiert, ist durchaus legitim.

Theo arbeitet heute als Landtagskorrespondent und spürt noch immer den bösen Menschen in der Politik nach.

Ich sage der NRZ nach dreieinhalb Jahren ade, schnüre mein Bündel und komme wenig später mit dem Giganten der deutschen Presse in Berührung.

IV.

In der Höhle des Löwen

Blut und Sex in Essen-Kettwig

Ich hatte Bernd K. bei diversen Einsätzen als Polizeireporter kennengelernt. Bei der Demonstration der Autonomen in Essen, bei größeren Morden und bei Geiselnahmen hatten wir uns getroffen und ein paar Worte miteinander gewechselt. Stets schien er uns anderen Reportern ein Stück voraus zu sein. Immer wieder wusste er mehr Details, hatte seine Informationen schon verarbeitet, als wir sie noch suchten. Seine Möglichkeiten schienen unerschöpflich. Seine Unterstützung durch den Verlag hatte keine Grenzen.

Unter diesem Eindruck fuhr ich kurz vor meinem 28. Geburtstag ins Gewerbegebiet von Essen-Kettwig, einem ländlichen Stadtteil unweit der A 52 und dem Düsseldorfer Flughafen. »Mal sehen, was sich machen lässt«, dachte ich und traf Bernd K. in der Kantine von BILD in Essen.
   Sofort ist ihm klar, was ich will. Und wie es der Zufall will, ist gerade eine Stelle als Polizeireporter frei geworden. Denn der Springer-Verlag, besonders BILD, braucht zu diesem Zeitpunkt dringend Leute. Die Redaktionen in den Neuen Bundesländern müssen besetzt werden. Und da Boulevardjournalismus in der DDR völlig unbekannt war, müssen zunächst die »Meister« aus dem Westen gen Osten, um die von dort stammenden Kollegen auf »BILD-Linie« zu trimmen. So wechseln viele Kollegen vom Westen in die Neuen Bundesländer. Auch aus Kettwig verschwindet nahezu die gesamte Redaktion nach Chemnitz. Für mich die Chance, bei BILD einzusteigen.
   Nach wenigen Minuten Gespräch ist bereits klar, dass ich

anfangen kann. K. führt mich in die Redaktion im zweiten Stock des Verlagshauses.

In dem durch Stellwände unterteilten Großraumbüro arbeiten etwa zwanzig Kolleginnen und Kollegen. Durchaus nette Menschen, die man niemals für die knallharten BILD-Reporter halten würde, über die sich die Branche ganz besondere Geschichten erzählt.

Wie ich noch sehen werde, sitzen die wahren Täter dieses Blattes (mit Ausnahmen) weder in den Redaktionen Essen, München oder sonst wo, sondern im Hause der Verlagsführung, nämlich in Hamburg und Berlin, wo der Geist von Axel Springer noch immer durch die Büros und vor allem durch die Köpfe weht: wo vorauseilender Gehorsam schon für so manches schreckliche Schicksal gesorgt hat und wo die Chefredaktion mitunter eher einem Tribunal denn einer Abteilung einer Tageszeitung gleicht.

Schon kurz nachdem ich in Kettwig die Arbeit aufgenommen habe, spüre auch ich den Druck, der von den Vorgesetzten auf die einzelnen Redakteure ausgeübt wird.

»Auflage machen« lautet bei BILD die Devise. Und das unter allen Umständen. Rutscht die Auflage des Massenblatts einmal unter die vier-Millionen-Grenze, herrscht bei der Verlagsführung Alarmstimmung. Dem gilt es, mit Hilfe phantastischer Geschichten entgegenzuwirken wie mit solchen, die die Leserschaft aus Sicht der Chefredaktion heiß interessieren. Da lässt man gern auch einmal Fünf gerade sein. Besonders dann, wenn es darauf ankommt, Bilder von wie auch immer gearteten Opfern oder Tätern zu bekommen.

Habt ihr die Fotos?!

Es ist ein Muß als BILD-Reporter, Fotos oder geheime, d. h. persönliche Informationen über Menschen zu erhalten, die aufgrund welcher Umstände auch immer irgendwie zu Tätern oder Opfern geworden sind. Ob es besonders brutal vergewaltigte Frauen oder Schülerinnen sind, ob es sich um Mütter handelt, die ihre Kinder verloren haben oder um Mörder, Brandstifter, jugendliche Amokfahrer oder einfach nur um Menschen, die Opfer eines schweren Unfalls geworden sind. Oberste Priorität genießt in den Redaktionen der großen deutschen Tageszeitung die Beschaffung von Fotos. Da spielt auch Geld keine große Rolle mehr. Wenn es um Fotos von Promis geht, die sie in flagranti zeigen, zahlt die Zeitung ohne mit der Wimper zu zucken, auch gern mal ein paar tausend Euro.

Doch die kleinen Leute, die Menschen, die sich nicht wehren können, bekommen nichts oder lediglich 100 bis 200 Euro. Dafür verraten sie den BILD-Leuten intimste Geheimnisse über sich, Freunde oder Verwandte. Stets kommen die BILD-Leute im Mantel des Samariters daher und versuchen, die Menschen zu überreden. Nach dem Motto »wir wollen ihnen helfen und sei es mit ein wenig Geld« schleichen sie sich in die Wohnungen und Häuser ahnungsloser Bürger und in deren Vertrauen.

Ganz zu Beginn meiner »Karriere« bei BILD sagt mir eine Kollegin: »Bei den Asozialen hast du am wenigsten Probleme, die sind blöd und reden schon für ein paar Mark oder eine Flasche Schnaps.« Schwieriger wird es bei gebildeten Leuten. Nahezu aussichtslos bei Akademikern oder Schulen. Die schotten sich gegenüber der Presse sorgfältig ab – und sie tun gut daran. Denn nicht nur einmal haben sich Reporter unterschiedlichster Medien Schulen zum Opfer gemacht, um Horrorstories zu verbreiten, die nie geschehen sind.

In Kettwig erzählt man sich dann und wann ein Ereignis, das noch heute bei den Kollegen Lachsalven hervorruft. In den 1970-er Jahren verbreitete ein Reporter aus der Kettwiger Redaktion eine Geschichte im Blatt, die in allen BILD-Ausgaben Deutschlands veröffentlicht wurde.

Eine junge Lehrerin, die an einer Schule in Herne unterrichtete, habe vor einer Klasse Halbwüchsiger Sexualunterricht gehabt und dabei die freie Liebe propagiert. Anschließend seien mehrere Schüler über die Frau hergefallen, hätten sie nackt ausgezogen und vergewaltigt. Auch ein Foto der Schule soll damals in der Zeitung abgedruckt worden sein.

Der Skandal war perfekt, und wieder einmal hatte BILD ihn aufgedeckt. Ohne das Boulevardblatt, so die unterschwellige Botschaft an die Leser, wäre die Wahrheit über die versauten Vorgänge an einer deutschen Schule niemals an die Öffentlichkeit gekommen. Hätte die Lehrerin nicht über freien Sex geredet, was einer anständigen deutschen Frau nicht zusteht, wäre sie auch nicht vergewaltigt worden, so der versteckte Hinweis an die Leserschaft. Der Autor der Story wird im eigenen Hause gefeiert. Die Chefredaktion ist voll des Lobes. Der Kollege sonnt sich im Glanze seiner Arbeit und gilt als Gallionsfigur eines Reporters. Wahrscheinlich hätte der Verlag ihm ein Denkmal gesetzt, wenn da nicht der damalige Kultusminister des Landes Nordrhein-Westfalen gewesen wäre.

Als oberster Dienstherr der Lehrerin erfuhr er von dem Skandal in Herne durch die Pressestelle seines Ministeriums und reagierte sofort. In einem vertraulichen Gespräch mit dem Leiter der Kettwiger Redaktion bat er um nähere Einzelheiten zu

dem Fall. Dazu mußte natürlich der tüchtige Kollege gehört werden. Denn nur er konnte alle Einzelheiten über die Lehrerin und ihr Schicksal wissen. Doch der Mann war nicht mehr aufzufinden. Erst hatte er Urlaub genommen, dann war er verschollen. Irgendwo in Holland, so die Kollegen in Kettwig, sei er dann wieder aufgetaucht. Vorsorglich war ihm durch den Verlag fristlos gekündigt worden. Denn nicht ein Wort war an der Superstory wahr. Eine Erfindung von A bis Z. Das wird im Hause Springer natürlich nicht geduldet, aber sehr wohl die Umstände, die zu dem seltsamen Verhalten des Redakteurs geführt haben sollen.

Der Mann war Bundesredakteur, hatte also den Posten, den Bernd K. heute noch immer innehat. Diese Menschen stehen unter enormem Druck, den sie an ihre Kollegen in der Redaktion gnadenlos weitergeben. Täglich verlangt die Chefredaktion von ihnen Geschichten, die bundesweit interessant sind, damit sie in ganz Deutschland veröffentlicht werden können. Wer längere Zeit keine Story geliefert hat, verliert bei den Großkopferten in Hamburg schnell an Ansehen und gilt irgendwann als unfähig. So soll es auch dem Kollegen in Kettwig ergangen sein.

Irgendwann muss er die ewigen Glossen der übrigen Redaktionsmitglieder und Konkurrenten, das Mobbing von oben und die interne Anmache aus Hamburg derart satt gehabt haben, dass er zu der Verzweiflungstat schritt. Die perverse Lehrerin aus Herne war geboren.

Der einst gefeierte Redakteur soll übrigens später bei einer Illustrierten eine neue Anstellung gefunden haben.

Auch Bernd K. und seine Stellvertreterin Irina stehen unter dem Druck aus Hamburg.

Von Scannern und Informanten

Zu unseren Aufgaben als Polizeireporter (wir sind zu dritt in Kettwig) gehört eine der stupidesten Arbeiten, die wir erledigen müssen. Pünktlich um neun Uhr müssen wir die einzelnen Polizei-Pressestellen in NRW anrufen und nach den neuesten Ereignissen aus der Nacht fragen. Da in Kettwig auch die Sauerlandausgabe der BILD geschrieben und gedruckt wird, zählen auch die Präsidien südlich des Ruhrgebietes dazu.

Was die Polizei offiziell verschweigt oder aus kriminaltaktischen Gründen nicht in der Öffentlichkeit sehen will (der Täter könnte dadurch z.B. erfahren, dass ihm die Behörden auf der Spur sind und flüchten), findet dennoch häufig Niederschlag im Blatt. Dies geschieht dadurch, dass in der Kettwiger Redaktion (und nicht nur dort) ganz einfach der Polizeifunk abgehört wird. Dabei sind die Scanner, die Geräte zum Abhören des Funks, technisch aufwendiger als die der Polizei selber. Wer heute bei den Behörden noch an Geheimfrequenzen oder nicht abhörbare Kanäle glaubt, lebt in einer falschen Welt und kann ohne weiteres als Naivling bezeichnet werden. Da hilft es auch nichts, auf die große Welle des digitalisierten Funks seitens der Polizei zu warten.

Längst schon haben die Strategen bei BILD und anderswo Geräte zur Entschlüsselung auch dieses Digitalfunks parat. Auch die über Computer geschriebenen Informationen von der Einsatzleitstelle zum Streifen- oder Feuerwehrwagen bleiben den Journalisten nicht verborgen. Die Maulwürfe lesen und hören täglich fleißig mit, indem sie die Kommunikationssysteme der Behörden anzapfen.

Hinzu kommen eine Reihe sogenannter Informanten, die irgendwo im Lande sitzen und den Funk ebenfalls mithören. Passiert etwas Interessantes, informieren sie die Redaktion über Telefon.

Einer von ihnen, der mich nahezu allmorgendlich anruft, wohnt im münsterländischen Dülmen auf einem versteckt liegenden Bauernhof. Hier betreibt er eine der stärksten Abhöranlagen Deutschlands – ein dubioser Mann, der sich Calderoni nennt. Er ist Spross einer Bochumer Unternehmerfamilie mit einer Menge Geld im Rücken. Der undurchschaubare Mann lebt im Münsterland zusammen mit einem Freund, der sein Brot durch das Imitieren bayerischer Blaskapellen verdient. Offiziell betreibt Calderoni auf seinem Hof eine Tierpension. Was er wirklich macht und mit wem er tatsächlich in Verbindung steht, lässt sich nicht genau herausfinden. Seine Art zu wohnen, die Form, in der er sich zu Persönlichem einlässt (Calderoni soll nicht sein echter Name sein), erinnern an die 1970-er Jahre, in denen der Bevölkerung über Radio und TV eingebläut wurde, dass RAF-Terroristen vorzugsweise auf entlegenen Bauernhöfen oder in anonymen Hochhäusern leben würden, sich über persönliche Dinge nicht mit Nachbarn unterhalten und nur sehr selten Besuch bekämen. All das trifft auf Calderoni zu. In Zeiten der RAF-Hysterie wäre er der perfekte Verdächtige gewesen. Dann und wann taucht er selber bei Geiselnahmen oder schweren Unfällen auf und gibt sich dort als Journalist aus. Stets ist er in schnellen, schweren Wagen, die mit Abhörtechnik nur so gespickt sind, unterwegs. Zu seinen Kunden gehören TV-Produktionen und öffentlich-rechtliche Sender genauso wie private, Radiostationen, Zeitungen und natürlich auch BILD.

Ohne Mühe kann er den Polizeifunk nicht nur im Sauerland, sondern in fast ganz Deutschland mithören. Ständig höre ich Funkgeräusche im Hintergrund, wenn ich mit ihm telefoniere.

So bleiben Bernd K. und uns Ereignisse aus dieser und anderen Regionen Nordrhein-Westfalens nicht verborgen. Sie müssen besonders schnell und früh bearbeitet werden. Denn die »Frühform«, die früheste BILD-Ausgabe, die gedruckt wird, muss bereits um 17 Uhr fertig sein.

K. tigert Morgens sichtlich nervös durch das Büro und fragt immer wieder, wer denn die Frühform macht. Ihm geht es darum zu erfahren, ob es in der Sauerlandregion verwertbare Geschichten gibt. Das sind besonders schlimme Unfälle, kuriose Selbstmorde, Geiselnahmen oder Skandale. Diese meldet er weiter an die Chefredaktion in Hamburg, wo jeden Morgen um 10 Uhr alle BILD-Redaktionen über eine Konferenzschaltung miteinander verbunden sind und die Themen der kommenden Ausgabe besprochen werden. Bringt Bernd K. eine interessante Geschichte (die nicht von ihm stammt, aber so verkauft wird als wäre sie von ihm), kann es sein, dass sie bundesweit, also in allen Ausgaben der Zeitung läuft. Dann steht Bundesredakteur Bernd K. gut da. Die Kollegen, die die Geschichte recherchiert und geschrieben haben, tauchen namentlich nicht auf. Dadurch kommt es immer wieder zu Reibereien zwischen ihm und den anderen. Doch Bernd K. schafft es jedesmal, den Chef hinter sich zu bringen – und das trotz seiner eklatanten Deutschfehler, die mit schöner Regelmäßigkeit im Blatt erscheinen. In einem Interview mit dem Chef einer großen Brauerei fragt Berni dann auch nicht nach Hektolitern, sondern nach »Hektorlitern«. In seinem Denken mag das durchaus Sinn machen. Denn »Hektor« steht bei ihm für groß, stark und viel. *Das* Synonym für ganz viele Liter Bier!

Nach wenigen Wochen habe ich beste Kontakte zur Polizei in

Essen, Duisburg und Bochum. Einige Essener Beamte erzählen mir, dass Bernd K. früher beim SEK (Spezialeinsatzkommando) – einer paramilitärischen Polizeitruppe zur Bekämpfung von Terroristen, Geiselnehmern und anderen Schwerstkriminellen – war. Schon hier war Bernd ob seiner guten Kontakte zum Chef nicht sehr beliebt.

Seine Kenntnisse aus der Zeit als Geheimpolizist nutzt Berni heute, um uns anderen den Polizeifunk zu erklären. Frequenzen, Kanäle, Abkürzungen und Codewörter sind ihm geläufig. Wie ein Geheimagent gibt er sie unter der Abnahme eines Schweigegelübdes weiter. Offensichtlich sehr zum Gefallen einiger Pressesprecher der Polizei. Sie unterstützen uns bei unserer Arbeit – häufig mehr als sie dürfen.

Die Polizei, dein Freund und Helfer

Das Polizeipräsidium in Essen ist ein Bau aus dem Jahre 1906. Schon seit langem steht er unter Denkmalschutz. Es ist ein konservatives Gebäude, in dem noch die eisernen Regeln der Freundschaft gelten, vielleicht auch der Grundsatz des Gebens und des Nehmens. Jedenfalls arbeiten hier Menschen, die anscheinend besonders das Bundesdatenschutzgesetz für so antiquiert halten wie das Gebäude, in dem sie tätig sind. So ist es guter Brauch, dem ein oder anderen Kollegen bei BILD schon mal mit einer Halteranfrage zu helfen. Dafür blickt der Polizist in das Computerprogramm des Straßenverkehrsamtes oder des Kraftfahrtbundesamtes und kann so den Halter eines Fahrzeugs über das Kennzeichen ermitteln. Für die Jungs bei BILD ist das ein probates Mittel, um an Namen und Anschriften von Unfallopfern zu kommen.

Doch die großzügige Hilfe der Polizei geht noch weiter. In Duisburg hilft man gern einmal mit der Überprüfung bestimmter Personen im Fahndungscomputer des Bundeskriminalamtes (BKA) weiter. Da ruft ein BILD-Mann den Gewährsmann im

Präsidium an und gibt offen und ohne mit der Wimper zu zucken seinen Wunsch durch.

Minuten später klingelt sein Telefon und die gewünschte Überprüfung ist da. So braucht BILD nur wenige Sekunden, um an die Informationen zu kommen, die per Gesetz nur für Augen und Ohren von Strafverfolgern bestimmt sind und nicht für Journalisten. Damit helfen Beamte, die einen Eid auf das Grundgesetz geleistet haben, BILD zum kommerziellen Erfolg.

Ob ihr eigener kommerzieller Erfolg dabei auch eine Rolle spielt, vermag ich nicht zu sagen. Immerhin war und ist es nicht nur bei BILD so, dass der Staat in Form der Polizei sehr häufig bei der Recherche entscheidend mithilft. Das mag sicherlich unterschiedliche Gründe aufseiten einzelner Beamte haben. Sei es, dass sie mit dem ihrer Meinung nach (und der von BILD) zu laschen Umgang mit Straftätern in Deutschland hadern, sei es, dass sie sich gern als die großen Initiatoren im Hintergrund sehen oder sei es, dass sie schlicht an der Hilfe verdienen. In jedem Fall findet dort nahezu täglich schwerer Gesetzesbruch statt, der von Politikern und Vorgesetzten der Polizisten unbemerkt bleibt. Niemand kann sich damit herausreden, er würde das zum Wohle der Allgemeinheit tun. Nein, der Gewinner ist dabei jedesmal die Zeitung, die durch den Informationsvorsprung eine höhere Auflage macht und mächtig abkassiert. So erscheint es in keiner Weise abwegig, in diesem Zusammenhang von niederen Beweggründen als Motiv zu sprechen.

Da waren die Geschwister tot

Es ist ein heißer Sommermorgen im Jahr 1990 als auf meinem Schreibtisch das Telefon klingelt. Am anderen Ende ist der ominöse Calderoni. Aufgeregt stottert er in den Hörer, erzählt etwas von drei Toten in einem Auto. Der Wagen steht in einem Waldgebiet bei Wesel und wurde wenige Minuten zuvor von Waldarbeitern gefunden. Ganz offensichtlich haben sich die drei Insassen das Leben genommen, denn vom Auspuff des Wagens führt ein Schlauch ins Innere des Fahrzeugs. Die drei Toten sitzen auf der Rückbank und halten sich gegenseitig die Hände.

Die Polizei geht von Suizid aus – und hier müßte nach dem Kodex der deutschen Presse (haha) eigentlich die Arbeit des Journalisten enden. Über Selbstmord wird nach Möglichkeit nicht berichtet, es sei denn, die Öffentlichkeit ist durch die Art des Suizids beinträchtigt. Aber auch dann sollte als Grund für die Störung (z. B. im Bahnverkehr) in der Nachricht lediglich »Selbstmord« angegeben werden. Einzelheiten sind nach dem Pressekodex in der Berichterstattung verboten.

Doch bei BILD beginnt hier erst die Story. »Geile Geschichte«, kommentiert Bernd K. und kabelt sie sofort nach Hamburg durch. Dort werden die Herren und Damen in der Chefredaktion aufmerksam und wollen die Geschichte bundesweit verbreiten.

Jetzt liegt es an mir, daraus das zu machen, was bei BILD gewünscht wird. Eine knallharte Story mit Tränen der Mutter, verzweifelten Freunden der Toten und einem mysteriösen Hintergrund. Da springt wieder unser Freund und Helfer von der Polizei in die Bresche. Ein Anruf bei einem Kripomann genügt. Ich gebe das Kennzeichen durch und habe Minuten später die Halter-Adresse des im Wald gefundenen Fahrzeugs.

Mein Weg führt mich nach Gelsenkirchen. Dort, im Stadtteil Bismarck, soll der Halter wohnen. Doch als ich bei ihm vor der Tür stehe, ist er quicklebendig. Den Wagen, erzählt er, habe er zwei Tage zuvor an einen Bekannten verkauft. Und der habe ihn sicherlich noch nicht umgemeldet.

Schnell habe ich die Adresse des Bekannten und fahre los. Kurz darauf öffnet mir eine völlig verstörte Frau die Tür. Sie mag Anfang 60 sein und scheint zu ahnen, warum ich gekommen bin. Tränen laufen ihr über das Gesicht. Sofort berichtet sie mir, dass sie Sohn, Tochter und den Verlobten der Tochter seit zwei Tagen sucht. »Wissen Sie vielleicht, was geschehen ist?« Ich versuche auf sanfte Art zu erklären, warum ich da bin. Doch die Frau und ihr Mann glauben nicht, was ich erzähle. In ihrer Not klammern sie sich an einen Strohhalm und glauben, der Wagen sei gestohlen worden und der Dieb habe sich mit den Abgasen vergiftet.

Immer wieder stammelt der Vater händeringend in seiner Not »sowas macht unser Michael nicht. Das tut der nicht – ausgeschlossen. Das müssen andere sein.«

Der kleine, hagere Mann tut mir unendlich leid. Denn im Grunde mache ich hier das, was eigentlich Aufgabe der Polizei ist: Ich überbringe eine Todesnachricht, halte mich aber zurück und versuche, das Ehepaar zu beruhigen. Schließlich, nachdem ich der Frau unter fadenscheinigen Gründen Bilder von ihren Kindern abgetrotzt habe, setzen wir uns in meinen Wagen und fahren die Orte ab, an denen sich die drei Vermißten aufhalten könnten.

Mit jeder ungeöffneten Tür schwindet die Hoffnung mehr. Nach rund einer Stunde sitzt die herzkranke Frau betend neben mir. Ich beschließe, mit ihr zur Pressestelle der Polizei in Wesel zu fahren, denn im Bereich Wesel wurde das Auto gefunden.

Die beiden Beamten sind nicht gerade erfreut, als wir in ihrem Büro erscheinen. Zitternd vor Angst und Beschwörungen murmelnd sitzt die Frau auf einem Stuhl. Immer wieder greift sie in Richtung Herz. Ich fürchte Schreckliches. Auf meine Bitte hin ruft einer der Beamten die Kollegen an, die den Fall der drei Toten bearbeiten. Als er nach kurzem Gespräch wieder auflegt, ist sein Miene ernst, sehr ernst. »In dem Wagen«, beginnt er vorsichtig, »ist der Ausweis ihres Sohnes gefunden worden.«

Die Frau beginnt herzzerreißend zu weinen. Wir bestellen schnell ein Taxi und lassen sie auf Kosten der BILD-Zeitung wieder nach Gelsenkirchen bringen. Sie wird sozusagen entsorgt. BILD hat die Fotos der Opfer und die Geschichte. Jetzt interessieren die Tränen der Frau, die ihre Kinder und ihren zukünftigen Schwiegersohn verloren hat, nicht mehr. Die Fotos ihrer Kinder aus einem Medaillon, das sie mir gegeben hatte, hat sie wahrscheinlich nie zurück bekommen. Einen Tag später spricht in der Redaktion keiner mehr über sie. Was interessieren uns die alten Kamellen von gestern!

Noch heute geht mir die Sache nach und ich denke sehr oft an diesen Tag. Vielleicht kann ich mich bei der Familie auf diesem Wege entschuldigen.

Frag doch mal den Staatsanwalt

Zu allem Überfluß habe ich nicht nur die Geschichte um die toten Geschwister aus Gelsenkirchen an der Backe, sondern auch noch Irina, die an diesem Tag in der Redaktion Bernis Aufgabe als Bundesredakteur übernommen hat. Da sie selber absolut unsicher und ängstlich ist, es aber nicht zeigen will, ist die Zusammenarbeit mit ihr im Grunde nicht möglich. Und so verzieht sie sich lieber in die Kantine oder in ihre Ecke im Großraumbüro, statt am Telefon der Bundesredakteure zu sitzen.

Das alles wäre ja gar nicht schlimm, wenn ich nicht ständig von unterwegs in der Redaktion anrufen müßte, um den Stand der Dinge in Sachen Geschwister durchzugeben, damit Irina meine Informationen nach Hamburg weiterleiten kann. Handys gibt es noch nicht, was für mich bedeutet, dass ich mit der herzkranken, weinenden Frau im Auto auch noch zusätzlich Ausschau nach Telefonzellen halten muß, die – wenn ich sie denn endlich gefunden habe – auch noch funktionsfähig sein müssen.

Jedesmal, wenn ich schwitzend und abgekämpft zum Hörer greife, um in Kettwig anzurufen, habe ich statt Irina den Fotochef an der Strippe. Irgendwann ist mir die Sache zu bunt, und ich melde mich nicht mehr. Stunden später komme ich zur Redaktion zurück, um meine Geschichte zu schreiben. Kaum bin ich im Büro, fährt Irina mich an, warum ich mich nicht von unterwegs gemeldet hätte. Da platzt mir der Kragen. Ich brülle die Frau an, dass die Fensterscheiben zittern. Geschockt fahren die Kollegen an ihren Schreibtischen zusammen. Brüllend treibe ich Irina durch die Glastür nach vorn, wo die Chefs sitzen. Cai, der Fotochef, bestätigt meine Anrufe und die Tatsache, dass Irina nicht aufzufinden war, wenn ich anrief.

Da bricht die scheinbar so harte Bundesredakteurin in Tränen aus. Sie heult Rotz und Wasser, will sich gar nicht mehr beruhigen. Dann packt sie ihre Sachen und verschwindet. Am nächsten Tag flattert eine Krankmeldung ins Haus.

Irina kann nicht mehr und muß sich erst einmal ein paar Tage Ruhe gönnen.

Überhaupt ist Irina so eine Sorte für sich, um es vorsichtig zu formulieren. Andere würden schlicht sagen, sie sei strunzdoof. Zur Zeitung soll sie gekommen sein, weil ihr Vater im Springer-Aufsichtsrat gesessen habe. Das soll ihr auch zum Volontariat verholfen haben. Tatsächlich kann es eigentlich gar nicht anders gewesen sein, denn Irina kann in der alltäglichen Arbeit kaum ein X von einem U unterscheiden und fällt damit natürlich immer wieder auf. Um nur ein Beispiel zu nennen: Wir stehen und sitzen bei einer der morgendlichen Konferenzen im Kreis und diskutieren den Fall einer anstehenden Gerichtsverhandlung. Dabei geht es um ein zivilrechtliches Verfahren, in dem eine Frage auftaucht, die wir in der Runde aus Mangel an juristischem Sachverstand nicht klären können. Da weiß Irina plötzlich Rat. Im Brustton der Überzeugung, so als ob das jeder wissen müsse, sagt sie der Kollegin, die den Gerichtsfall recherchiert: »Frag doch mal den Staatsanwalt.« Das brüllende, schallende Gelächter um sich herum weiß Irina im ersten Moment gar nicht zu deuten und blickt dumm aus der Wäsche. Schließlich sagt ihr jemand, worum es geht. Bei einer Gerichtsverhandlung nach Zivilrecht gibt es keinen Staatsanwalt. Bagatellen zwar, aber bei Redakteuren muß dieses Wissen vorhanden sein, sonst sind sie einfach untauglich.

Irina hat irgendwann genug gehabt und ist als Chefredakteurin zu einer Reiterzeitschrift gegangen. Denn Reiten war ihr großes Hobby.

Rohwedder und die geheimnisvollen Hamburger

Detlev Karsten Rohwedder war 1991 Chef der Treuhandanstalt – einer staatlichen Einrichtung, über die die Sanierung und der Verkauf ehemaliger DDR-Betriebe geregelt wird. Rohwedder, SPD-Mitglied, Ex-Staatssekretär und als Super-Sanierer des angeschlagenen Hoesch-Konzerns gefeiert, sollte Ostern 1991 in mein journalistisches Leben treten.

Es ist der 1. April spät abends. Wie andere Filme oder Nachrichten im TV sehen, sitze ich am Schreibtisch. Vor mir der von der Redaktion aufgenötigte Funkscanner. Das Einerlei im Polizeifunk stört mich kaum. Von Unfällen ist die Rede, von Schlägereien und Diebstählen. Was soll abends an Ostern auch schon groß passieren?

Doch plötzlich wird es hektisch im Äther. In Düsseldorf sei auf eine bedeutende Persönlichkeit geschossen worden. Es heißt der Mann sei tot. Alle wichtigen Straßen und Autobahnen werden gesperrt, Polizeieinheiten aus ganz Nordrhein-Westfalen nach Düsseldorf geholt. Nahezu panisch verläuft die Fahndung der Polizei, denn der Erschossene ist Detlev Karsten Rohwedder, der nach Nach Wisnewski/Landgraeber/Sieker (Das RAF-Phantom, München 1992) Chef der weltgrößten Industrieholding war.

Damals war schnell klar, dass nur die RAF (Rote Armee Fraktion) hinter diesem Anschlag stecken könne. Heute wissen wir gerade dank Wisnewski et. al., dass es wohl kaum die Linksterroristen gewesen sein konnten.

Doch am 1. April 1991 ist davon noch keine Rede. Der Fall beschäftigt natürlich auch BILD ganz besonders. Wir in der Essener Redaktion und die Kollegen im Düsseldorfer Büro sind tagelang mit dem Attentat beschäftigt. Doch die wichtigen, in die Politik gehenden Recherchen werden seltsamerweise von Hamburg aus gemacht – und zwar von der Chefredaktion. Wass dahinter steckt, soll ich wenige Tage später erfahren.

Ein Informant aus Düsseldorf gibt mir den Hinweis, dass mehrere Wochen vor dem Anschlag zwei Unbekannte am

Hause Rohwedder geklingelt hätten. Als die Frau des Treuhandchefs öffnete, stellten sich die beiden Herren als ehemalige Stasi-Leute, die jetzt in Diensten des Bundeskriminalamtes (BKA) stünden, vor. Mit dem Auftrag, das Haus auf Sicherheitsmängel zu überprüfen, betraten sie die Räumlichkeiten. Nach kurzer Zeit verschwanden die Männer wieder, jedoch nicht ohne Frau Rohwedder darauf hingewiesen zu haben, dass die Fenster im ersten Stock kein Panzerglas hätten. Durch sie wurde Rohwedder dann auch erschossen.

Ich halte die Meldung für interessant genug, um sie persönlich der Chefredaktion in Hamburg weiterzugeben. Vielleicht ließe sich dadurch eine neue Spur finden, das Verbrechen sogar aufklären.

Doch irgendwie muß ich mit meinem Anruf für schlechte Stimmung im Springerhaus gesorgt haben. Die Variante mit den angeblichen Ex-Stasi-Leuten scheint dort niemandem zu gefallen. Offenbar entspricht sie nicht der (durch bestimmte Behörden vorgegebenen?) Linie der Berichterstattung von BILD. Und die heißt: Rohwedder wurde von den Terroristen ermordet, basta! So jedenfalls hört sich der Chefredakteur an, als er mir ins Ohr blafft. »Wissen wir, wissen wir, da ist nichts dran!« Und schon liegt der Hörer wieder auf der Gabel.

Es sollte nichts, ja, durfte nichts daran sein! Immerhin ist das Verbrechen an Rohwedder bis auf den heutigen Tag nicht aufgeklärt. Nur BILD bzw. die Chefredaktion des Blattes weiß schon wenige Tage nach der Tat, wer bzw. wer es nicht war. Das erinnert deutlich an die Berichterstattung über den 11. September, bei der BILD, allen voran, auch nur nachbetet, was offiziell als Hergang von staatlicher Seite vorgegeben wird.

Zudem gibt das Verhalten der Chefredaktion dem Gerücht, deutsche Geheimdienste würden in Hamburg ein- und ausgehen, einiges an Nahrung. Selbst unter den Kollegen spricht man dann und wann recht offen darüber, dass der BND und der Verfassungsschutz »oben« kräftig mitmischen würden. Wie wir an anderer Stelle des Buches sehen werden, wäre BILD in der Medienlandschaft dahin gehend kein Einzelfall.

Bei den Berichten im Fall Rohwedder hält BILD sich schön an die offiziellen Verlautbarungen. Recherche durch eigene Redakteure ist – wie in meinem Fall – nicht erwünscht. Und deswegen lassen die deutschen »Sicherheitsbehörden« in ihrem Sprachrohr auch keine Fragen auftauchen, die die Täterschaft der RAF kritisch aufarbeiten. Gehirnwäsche beim Leser ist angesagt. Eine selbstdenkende und kritische Leserschaft ist nur lästig. Da soll bloß keiner dazwischenfunken, schon gar nicht aus den eigenen Reihen. BILD und die sie unterstützenden staatlichen Organe suchen schon aus, was die Deutschen wissen dürfen und was nicht. So sollen sie z.B. nicht wissen, was Wisnewski et. al. ein Jahr später in ihrem Buch präsentieren, nämlich, dass Rohwedder in der gleichen Art erschossen wurde wie 1986 der schwedische Ministerpräsident Olof Palme. Auch die Tatsache sei hier erwähnt, dass auf dem Straßenpflaster in Düsseldorf drei Magazine einer Maschinenpistole der Polizei lagen, manche Brücken nicht kontrolliert wurden und ein Streifenwagen mit offenem Kofferraum auf der Straße stand. Im Kofferraum lag eine Maschinenpistole. Besonderes Geschick legen die Blattmacher an den Tag, wenn es darum geht, geradezu plakative Auffälligkeiten im Fall Rohwedder völlig außer acht zu lassen. Dazu gehört auch das sogenannte »Bekennerschreiben«, das auf einem Stuhl mit Fernglas gefunden wurde, der gegenüber dem Rohwedder-Haus stand. In dem Text wird der Name Rohwedder nicht ein einziges Mal erwähnt. Vielmehr liest sich der Brief wie vorgerfertigt. Und auch der ominöse Schwimmer, den Passanten kurz nach der Tat am gegenüberliegenden Ufer des Düsseldorfer Stadtteils Oberkassel, in dem Rohwedder wohnte, aus dem Rhein haben auftauchen sehen, findet in BILD keinerlei Erwähnung.

Alles, was gegen eine Urheberschaft der RAF sprechen könnte, findet bei BILD nicht statt. Damit befindet sich das Blatt in bester Kumpanei mit der damals noch lebenden Illustrierten »Quick«, für die Reporter arbeiteten, deren Namen auf den Gehaltslisten von Geheimdiensten standen. So kommt auch die Zeitschrift »Publizistik und Kunst« der IG Medien zu dem Schluß, dass es in der deutschen Medienlandschaft auch zu Beginn der 1990er Jahre nicht mit rechten Dingen zugehen kann. Wisnewski, Landgraeber und Sieker zitieren das Blatt in ihrem Buch: »Wer sich fragt, warum seit 1981 noch nicht ein einziger terroristischer Mordfall vom Bundeskriminalamt aufgeklärt wurde und warum nicht die Medien – wie sonst bei Kapitalverbrechen, bei denen keine Fahndungserfolge vorliegen – sehr kritisch hinterfragen, kommt bei den Medien nicht zum Zuge. Niemand fragt öffentlich, ob denn wirklich alle Spuren verfolgt werden oder nicht doch nur die offensichtlich falschen. Ob denn wirklich eine total unbekannte RAF-Generation an der Reihe ist oder nicht doch eine ziemlich bekannte, etwa aus internationalen Geheimdienstkreisen, ob denn Zimmermann, Beckurts, Herrhausen und Rohwedder nicht auch Feinde außerhalb der Linken hatten, innerhalb des Systems des Großen Geldes im In- und Ausland etwa.«

So zeigt sich auch hier wieder einmal, dass es in deutschen Medienstuben weder Pressefreiheit noch Demokratie nach intrastrukturell gibt. Findet ein Redakteur etwas heraus, was den Großkopferten nicht ins Konzept paßt, werden seine Erkenntnisse unterdrückt oder er selbst Opfer der politischen Linie im Hause. BILD ist in diesem Bereich leider nicht die Ausnahme, sondern pardigmatisch dafür.

Als eines Tages in Kettwig bekannt wird, dass ein junger Mann aus der Hamburger Bundesredaktion Chef des Büros in Stuttgart wird und dort einen Polizeireporter sucht, ergreife ich die Chance beim Schopf. Schon lange will ich aus Kettwig wieder weg. Die Rohwedder-Sache hatte lediglich das sprichwörtliche Faß zum Überlaufen gebracht. Also sitze ich wenige Tage später im Flugzeug nach Stuttgart, stelle mich in der Redaktion vor und kriege den Job – eine Entscheidung, die ich Monate später bitter bereuen sollte.

V.

»Sollst auch ein paar Nüssle haben«

Hallo Herr Schulze!

In Esslingen am Neckar gehen die Uhren anders als im übrigen Deutschland. Das ist heute glücklicherweise aufgrund der Mischung der Bevölkerung nicht mehr ganz so deutlich zu spüren. Doch vor elf Jahren war dort die Provinz noch in allen Belangen perfekt.

Als ich Mitte September 1992 meinen Wagen an der dortigen BILD-Redaktion parke, ahne ich noch nicht, dass dieser Aufenthalt für mich die Hölle werden würde. Alle, aber auch wirklich alle Grundsätze des journalistischen Lebens sollte ich hier vermissen. Vielmehr kam mir Stuttgart irgendwann nicht mehr als Redaktion, sondern als bedrückende Folterkammer vor, in der es die Folterknechte auf die seelische Vernichtung von Mitarbeitern abgesehen haben. Misstrauen, Mobbing und Hass sind die Motive, unter deren Eindruck Redakteure und Redakteurinnen dort täglich arbeiten. Nur einer, der Fotochef der Redaktion, mit dem ich mich anfreunde, ist ein normaler Mensch – ehrlich, aufrichtig und sozial eingestellt – so auch der Kollege K., mit dem ich ein Büro mit Blick auf den Neckar teile. Alle anderen sind umgeben von einer Wolke aus Kälte und Boshaftigkeit. Kollegialität gibt es dort nicht. Lediglich kleine und kleinste Grüppchen, die gegeneinander antreten. Nicht offen, versteht sich, sondern mit dem Dolch im Gewande. Drehst du ihnen den Rücken zu, stoßen sie dir den Dolch in den Leib.

Ich bin noch nicht ganz in den Redaktionsräumen und verlasse gerade den Aufzug, da kommt schon ein kleines Männlein auf mich zu. Etwa 1,65 Meter mag es groß sein. Sein Gesicht erinnert an eine zerknüllte und wieder auseinandergezogene Brötchentüte. Der Mund ist eine Art Strich, der nahezu quer über die untere Gesichtspartie verläuft. Als Frisur trägt es »Vokuhila«: vorne kurz, hinten lang. Das dunkle, taillebetonende Jackett scheint etwas zu lang zu sein. Die krummen Beine (die Fußspitzen biegen sich beim Gehen nach innen) stecken in schwarzen Röhrenjeans.

Das Männlein steht vor mir und verzieht das Gesicht zu einer Art Grinsen. Dann fährt der Arm vor, und es schnarrt: »Ah, da ist ja unser neuer Polizeireporter! Hallo, Herr Schulze, herzlich willkommen.« Eine schmale Hand mit dürren, langen Fingern umklammert meine Rechte und drückt erstaunlich kräftig zu. Dabei sehe ich ein dünnes silbernes Armband am Handgelenk des seltsamen Mannes baumeln. Der befremdlich anmutende Mensch ist der stellvertretende Redaktionsleiter in Stuttgart. Ein Einheimischer, der einmal laut eigener Aussage bei einem Kölner Boulevardblatt gearbeitet haben will. Eine unsympathische Erscheinung, die behauptet, in Köln noch viele Freunde zu haben. In mir kommt die Frage auf, ob ein solcher Typ überhaupt Freunde haben kann.

Mit großer Geste erklärt mir J., so der Nachname des stellvertretenden Chefs, die Abläufe in Baden-Württemberg. »Hier kannst du alles machen,« schwärmt er, »alle Möglichkeiten stehen offen.« Stuttgart, so der gebürtige Schwabe mit Wohnsitz in Ludwigsburg, habe einige honorige und wichtige Persönlichkeiten, solche wie den Vorsitzenden des dortigen Roten Kreuzes. Ein Mann, der immer wisse, was in der Stadt läuft. Er sei sogar Honorarkonsul. Von welchem Land, erinnere ich nicht mehr. Dann kann es so bedeutend ja nicht gewesen sein. Jedenfalls sei diesem Mann mit dem nötigen Respekt zu begegnen. J. hat den Rot-Kreuz-Mann scheinbar durchschaut, denn plötzlich ergreift er meine Hand und sagt mit vertraulichem Unterton: »Dem kann man nicht trauen. Einmal tut er, als seist du der beste Freund, dann wieder scheint er dich nicht zu kennen.« Anhand von Erdnüssen wird er deutlicher. »Wenn du in einer Runde sitzt und Nüsse auf dem Tisch stehen, spielt er sich als großer Gönner auf. ›Hier‹, sagt er dann, ›mein Freund von der BILD, sollst auch ein paar Nüssle haben.‹ In Wirklichkeit steckt er dir dann die faulen Nüsse zu.« Ich verstehe zwar nicht ganz, was J. da meint, nehme es aber hin und nicke.

Nach etwa zwanzig Minuten Einführung, die fast ausschließlich als Monolog von J. verlaufen, stellt er mich den zukünftigen Kollegen und Kolleginnen vor.

Unter anderen ist da eine Frau aus Bayern mit schrecklichen X-Beinen, die stets enge Röcke trägt und sich morgens bei der Konferenz so wenig gekonnt, auf einem Schreibtisch sitzend hin- und herwälzt, dass wir ihr ohne Mühe zwischen die Beine schauen können. Auch der dicke O. mit der Glatze, der einen Künstlernamen gewählt hat, damit man ihm wegen irgendwelcher Alimente nicht zu Leibe rücken kann, gehört zum Kollegenkreis. Natürlich auch der Blonde mit den blauen Augen und dem zackigen Gang, von dem wir noch Unglaubliches hören werden, eine Adelige, eine Fotografin aus reichem Hause in NRW, die aussieht wie ein Püppchen; und der Klatschreporter mit dem Bürstenschnäuzer, der in Sachen Gesellschaft das vergleichsweise popelige und provinzielle Stuttgart mit München verwechselt. Ein eingespieltes Team, das einem neuen Mitarbeiter von außen nicht traut und dementsprechend handelt.

Nach gut zwei Stunden sitze ich wieder im Auto und fahre wenige Kilometer weiter nach Plochingen. In dem kleinen Ort hat die Redaktion für mich eine Unterkunft auf Kosten des Verlages geordert. Es ist eine etwas bessere Pension. Mein Zimmer befindet sich unter dem Dach, ihm angeschlossen ist eine kleine Küche. Nicht schlecht, aber im Vergleich zum Redaktionsleiter und dem Fotochef, die beide im Stuttgarter Interconti residieren, eine Farce. Noch schlimmer soll es einen Kollegen aus dem Münsterland treffen, der wenige Wochen später zu uns stößt. Er ist Fotograf und bezieht das mir gegenüberliegende Zimmer. Schon am ersten Abend ruft er mich lachend zu sich, um mir seine Bleibe zu zeigen.

Schon als ich Mani zum ersten Mal sehe, bin ich überzeugt,

dass er ein netter Mensch ist. Warum, so frage ich mich erstaunt beim Anblick seines »Zimmers«, wird er dann in eine Zelle gesteckt? Denn eine andere Bezeichnung lässt sich für die Behausung nicht finden. In der Mitte des kleinen Raumes – wirklich genau in der Mitte – befindet sich das Klo! Immerhin ist der Deckel mit blauem Stoff überzogen. Und Mani nutzt ihn als zusätzliche Abstellfläche, denn Platz ist knapp. Als Fernsehgerät dient ihm ein Würfel, mit dem auch Rundfunk empfangen werden kann. Der Bildschirm ist dementsprechend klein. Mani kann kaum etwas sehen. So verbringt er die meiste Zeit mit mir in meinem Zimmer. Ich verfüge zumindest über einen Fernseher, auf dem man etwas erkennen kann. Das schmale Räumchen, in das Mani gesteckt wurde, muss irgendwann einmal ein WC gewesen sein, anders lassen sich seine Eigenarten nicht erklären. Doch hat die gemeinsame Pension einen Vorteil: Der Klobewohner und ich sind froh, abends nicht mehr allein in der Provinz zu sitzen. So haben wir jede Menge Unterhaltung. Meistens über die Stuttgarter BILD mit Sitz in Esslingen.

Dennoch hält Mani es nicht lange in der Pension aus und zieht in eine Neubauwohnung nach Wendlingen. Wenige Wochen später kommen der Fotochef Achim und ich hinzu und ziehen in die Nachbarwohnung.

Schon zu diesem Zeitpunkt plagt mich das Klima in der Redaktion. Ständig wird an meiner Arbeit grundlos kritisiert, ewig hat der stellvertretende Chef etwas auszusetzen. Es scheint sich eine Front der Alt-Besetzung des Büros gegen die Neuen zu bilden, die vom Redaktionsleiter Rüdiger S. angeworben wurden.

Der Norddeutsche, der so stolz darauf ist, es vom Sachbearbeiter in irgendeiner Verwaltung zum guten Journalisten gebracht zu haben, wird der Lage nicht Herr. So stößt er einfach mit ins Horn, wenn das »böseste Gesicht Stuttgarts« (Originalton eines Stuttgarter Prominenten über Herrn J.) versucht, seinen woher auch immer stammenden Hass an mir abzureagieren. Ob seine kranke Frau zu Hause dafür ausschlaggebend ist oder andere Gründe eine Rolle spielen, vermag ich nicht zu sagen.

Jedenfalls fällt er jedem, der nicht zur Gruppe der »Altgedienten« zählt, unangenehm auf.

Redaktionsleiter S. hält sich so oft wie möglich in seiner norddeutschen Heimat auf und heiratet irgendwann die Gewinnerin des Wettbewerbs »Gesicht 92« – oder so ähnlich – aus Stuttgart. Inzwischen wurde er degradiert und bekleidet das Pöstchen des Verantwortlichen für Aktionen und Merchandising bei der größten Tageszeitung Deutschlands – ein Abstellgleis für einen Journalisten, der sogar Redaktionsleiter war. Leider ist über S. nicht viel mehr zu berichten. Mehrfach fragt er mich, ob ich denn gedient habe. Eine blasse Figur, die mir gegenüber einmal im Hotel jammerte: »Überall lauern Fallen, überall.«

Es ist gut möglich, dass er nach meiner Zeit in Stuttgart in eine solche getappt ist und nur aufgrund von Freunden, früheren Leistungen oder dem Wissen von irgendwelchen Leichen in den Kellern mächtiger Verlagsleute auf den Abschiebebahnhof kam, damit er weiterhin sein Brot erwerben kann. Ansonsten ist es im Hause nämlich üblich, unliebsame Leute zum Teufel zu jagen. S. hingegen plant heute Aktionen seiner Zeitung zusammen mit Kaffeeherstellern oder wird auch mal von Online-Computerzeitschriften getadelt, weil er sich als Experte gibt, obwohl er keiner ist.

Der neue Schreibstil

Es ist Herbst im Schwabenland, die Blätter fallen, Regen prasselt auf die Straßen und ich sitze im Büro, um mir Gedanken über ein Thema zu machen. In der Redaktionskonferenz schlage ich eine Reportage über die Bahnpolizei (damals gehörte sie noch nicht zum Bundesgrenzschutz) vor. Das Thema wird angenommen, allerdings nicht ohne mir seitens J. zu sagen wie man eine solche Reportage angeht. Als wäre es meine erste...

Nachdem der Fotograf und ich eine Nacht mit der Bahnpolizei verbracht und uns ziemlich gelangweilt haben (Stuttgart ist zum Glück eine ruhige, friedliche Stadt), schreibe ich zwei Tage später die Reportage wie ich es immer gemacht habe.

Doch unser Klatschreporter, der mit im Büro der Redaktionsleitung sitzt und dort die Texte der Kollegen redigiert, baut das ganze zu einem Gestammel um, das keinem Leser mehr zuzumuten ist. Zu allem Unglück prangt über der Geschichte im Blatt mein Name und nicht seiner.

Um den Leserinnen und Lesern an dieser Stelle einmal einen kleinen Einblick in das Machwerk des Schnauzbärtigen zu geben, hier ein Zitat aus dem Text wie er später im Blatt erschien: »Alarm auf der Wache. Los geht's, VW-Bus, Türen klappen, Blaulicht.« Er und natürlich auch J. sind der Meinung, dieses Gestammel würde die Sache auf den Punkt bringen und den Text spannend machen. Ich hingegen bin noch heute der Auffassung, dass es sich dabei lediglich um falsches Deutsch, ja, um die Vergewaltigung dieser Sprache handelt. Kein ernsthafter Leser und noch weniger echte Redakteure können diese Ausgeburt an Dummheit einen spannenden Text nennen.

Doch J. stürmt am Tag des Erscheinens der Geschichte Morgens ins Büro (Redaktionsleiter S. hat mal wieder frei) und verkündet: »Das ist der neue Schreibstil, an den sich jetzt jeder hier zu halten hat. Wunderbar, einfach und genial!« Jovial grinsend bedankt sich sein schnauzbärtiger Freund bei ihm. Beide strahlen, als hätten sie gerade einen inneren Höhepunkt erleben dürfen. Schon seltsam, was alles als Ersatz für gesunden Sex herhalten muss...

Es hält sich indes in der Redaktion natürlich nicht jeder an die Proklamation des Herrn J. Und so verschwindet der »geniale« neue Schreibstil wieder in der Versenkung. Aus Scham und Ekel möchte auch ich Monate später in der Versenkung verschwinden. Denn was sich J. da erlaubt, spottet jeder Beschreibung. Der Mann, der mit sich und seinem Leben zu kämpfen hat, wodurch er verhärmt und böse wurde, wäre besser Redakteur beim »Völkischen Beobachter« gewesen, wo er mit seinen »Qualitäten« sicherlich Karriere gemacht hätte.

Wo ist der Jud'?!

Es ist einer dieser scheinbar belanglosen Tage in der Redaktion. Ich habe mich auf die Morgenkonferenz vorbereitet und sitze im Großraumbüro, in dem sich die Chefriege, oder wer sich dafür hält, niedergelassen hat. Hier werden die Überschriften für die Lokal- bzw. Regionalausgabe gebastelt und die Artikel der einzelnen Redakteure redigiert, d.h. noch einmal überarbeitet und in die BILD-gerechte Form gebracht.

J. hat wie so häufig wieder diesen Hund dabei. Eine Mischung aus Schäferhund und Dobermann. Er liegt ihm unter dem Schreibtisch zu Füßen. Dann und wann springt das Tier auf und Kollegen an. Mich hat es nur leicht, aber immerhin in den Bauch gebissen. Der Hund gehört einem Freund von J., der Leiter einer der Redaktionen in den Neuen Bundesländern ist (später soll er die Leitung in Stuttgart übernehmen) und seinen ersten Wohnsitz in der Schwabenmetropole hat. Gebürtig kommt er aus Österreich.

Kurz nach der Konferenz will J. uns allen zeigen, was er drauf hat und pfeift das Tier zu sich. Sofort springt es zu ihm und spitzt die Ohren. J. hebt den rechten Zeigefinger und ruft: »Wo ist der Jud'?« Das Tier fletscht die Zähne, knurrt, bellt und setzt zum Angriff an. Vom Jagdfieber gepackt, blickt es hektisch im Raum umher. Und noch einmal ruft J: »Wo ist der Jud'?«. Der Hund winselt und bellt erneut, stellt sich auf die Hinterbeine. Erst als J. ihm befiehlt, sich zu setzen, wird der Hund ruhig.

Schallendes Gelächter erklingt im Raum. Allen voran J., auch der Redaktionsleiter ist dabei und natürlich der Blonde mit den blauen Augen – Kollege St., über den wir noch lesen werden.

Ich bin entsetzt und geradezu verwirrt. Ausgerechnet bei der Zeitung, die sich stets auf die Seite der Juden und der israelischen Politik stellt, selbst wenn es nicht angebracht erscheint, sitzen Menschen in Führungspositionen, die die Opfer nationalsozialistischer Gewaltherrschaft verhöhnen: mit einem Hund, dessen Anblick im Herzen derer, die die unbeschreiblich schrecklichen KZ's überlebt haben, Todesangst hervorruft. Mit satanischer Freude vergehen sich die meisten Redaktionsmitglieder an dem Andenken der Ermordeten. Zeigen sie hier ihr wahres Gesicht? Sind sie etwa besser als die gröhlenden Horden glatzköpfiger Idioten auf den Straßen unserer Städte? Ich denke in diesem Moment an den Bestandteil meines Redakteurvertrages. Dort habe ich – und natürlich nicht nur ich, sondern die Schreibtischtäter in Stuttgart auch – unterschrieben, meine journalistische Kraft zum Wohle des israelischen Volkes einzusetzen. Ein nicht unumstrittener Passus, der die Journalisten dazu zwingt, auch fragwürdige oder gar verbrecherische Aktionen der israelischen Regierung gutzuheißen. Doch was hier vorgeht, sprengt alle Vorstellungen und Befürchtungen, die ich mit der Redaktion in Stuttgart verbunden hatte: rechte Schergen als Mitarbeiter der größten deutschen Tageszeitung.

Kaum bin ich wieder in meinem Büro, rufe ich den geschäftsführenden Redakteur in Hamburg an – einen ehemaligen Staatsanwalt, wie mir ein Kollege bei anderer Gelegenheit erzählt. Auch er ist entsetzt über das, was ich ihm berichte. Konsequenzen gegen J. werden mir allerdings nicht bekannt.

Jahre später erfährt auch ein gewisser Herr F. in Frankfurt/M durch mich von diesem Vorfall. Ob er, ein ganz besonderer Freund von BILD, eingegriffen hat, ist mir unbekannt. Sollte er es nicht getan haben, kommt unweigerlich die Frage auf, ob die Vereinigung, der er angehört, das, was sie sich auf die Fahne geschrieben hat, auch wirklich lebt oder nur zum Zwecke der Machtausübung- und -erhaltung einsetzt, um nicht zu sagen missbraucht.

Sanizug der Bundeswehr

Es ist Winter, Mani und ich sitzen in unseren Autos und fahren mit der höchstmöglichen Geschwindigkeit in Richtung Schweiz. Das Nachbarland von Baden-Württemberg liegt noch in unserem

Einzugsbereich, wenn dort etwas von Bedeutung passiert ist. Jetzt ist dieser Fall eingetreten. Sieben Deutsche, die – allesamt betrunken – in einem Boot die wilde Lech hinabfuhren, sind gekentert und ertrunken. Wir sollen vor Ort Informationen sammeln, Fotos schießen und Bilder besorgen. Die beschwerliche Fahrt führt über die Schwäbische Alp in die schneebedeckten Berge der Schweiz bei Davos. Unterwegs stehen wir mehrfach im Stau. An der Grenze müssen wir uns in eine lange Schlange stellen. Plötzlich klingelt das C-Netz-Telefon, das ich aus der Redaktion mitgenommen habe. Am anderen Ende der Leitung ist St., der Blonde mit den blauen Augen. Er will wissen, wie weit wir sind. Als er erfährt, dass wir erst an der Grenze stehen, brüllt er wie ein Wahnsinniger in den Hörer: »Was, ihr seid erst an der Grenze!!? Ihr Lahmärsche, wir sind hier nicht bei einem Sanizug der Bundeswehr, gebt gefälligst Gas!« Ich versuche zu erklären, dass die Verkehrsverhältnisse kein schnelleres Fortkommen ermöglichen. Doch St. hat bereits aufgelegt.

Überhaupt scheint der Mann eine Zeitungsredaktion mit einer Kaserne oder Haftanstalt zu verwechseln. Immer wieder bricht seine rechtsradikale Gesinnung bei ihm durch. Auch dann, wenn er sich mit Wonne über Artikel hermacht, die von Asylbewerbern handeln, die eine Straftat begangen haben. Dann murmelt er während des Schreibens vor sich hin, nennt sie »Schweine«, »Schmarotzer«, »Dreckspack« und fordert halblaut: »Die Todesstrafe wäre für die gerade richtig.«

Es muss die berühmte Ironie des Schicksals sein, dass dieser Mann, dessen Bruder einmal Co-Trainer beim Karlsruher SC gewesen sein soll, in der Stadt wohnt, in der das Bundesverfassungsgericht seinen Sitz hat.

St. trinkt nicht, raucht nicht, joggt jeden Morgen, hält sich gerade wie ein Offizier des Kaisers, macht aus Überzeugung nur Urlaub in Deutschland und schließt die Telefonbücher der Redaktion ein, damit andere keine Möglichkeit zur Recherche haben (Internet war zu diesem Zeitpunkt noch unbekannt). Offensichtlich leidet auch er an einer starken Persönlichkeitsstörung. Ist er Täter oder Patient? Eine Frage, die ich mir bei ihm immer wieder stelle. Er harmoniert bestens mit J., war sogar beim gleichen Boulevardblatt im Rheinland wie das Männlein mit dem Schäferhund. Gegenseitig peitschen sie sich mit ihren rechten Parolen hoch. Ein echtes Duo infernale.

Es gab bessere Zeiten

Wie so viele in Deutschland trauert auch St. längst vergangenen Verhältnissen nach. »Es gab bessere Zeiten«, pflegt er häufig zu sagen, »da konnten Frauen nachts auf die Straße gehen, ohne Angst haben zu müssen.« Heute aber sei das ja nicht mehr möglich, weil überall dunkle Gestalten lauern würden: schreckliche Typen aus dem Ausland mit langen Bärten und wirren Haaren, die Taschen voller Drogen, um unsere Jugend zu zerstören. Zudem würden diese Asylanten nur faul herumlungern (in einer anderen Version von St. nehmen sie den Deutschen die Arbeitsplätze weg) und darauf warten, krumme Geschäfte machen zu können. Sie hätten keine Werte: St. nennt sie »unrein«.

»Früher hätte man diese Typen zum Teufel gejagt«, wettert er fast täglich und merkt dazu an: »Es war nicht alles schlecht, was bei einem gewissen Adolf lief. Darüber soll sich niemand hinwegtäuschen. Es herrschten Ordnung und Disziplin; jeder wusste, wo er stand. Das fehlt heute.« Dabei ist der ewig Gestrige nicht dumm, ganz im Gegenteil. Ihn zeichnet hohe Intelligenz aus. Das macht ihn gefährlich. Mich würde es nicht wundern, wenn er Mitglied einer rechtsradikalen Partei wäre.

Zum Schein gehe ich ab und an auf die Eskapaden des Kollegen ein. Dann fühlt er sich in Sicherheit und plaudert munter drauf los. Von Verbrennungsöfen, Gaskammern und Ordnung in den Reihen ist dann die Rede. St. entspricht genau dem Bild, das die Deutschen in der Welt nicht abgeben möchten, und gegen das BILD mit allen gebotenen Mitteln ankämpft. Sollten die

Herren und Damen Superjournalisten einmal vor der eigenen Tür kehren, würde es ihnen nicht nur sehr gut tun, sondern darüber hinaus zu nie vermuteten Erkenntnissen aus dem eigenen Hause führen.

Im Hundesser-Dorf

Lützenhardt ist ein anerkannter und wunderschöner Kurort im nördlichen Schwarzwald. Wenige Kilometer vom einst mondänen Freudenstadt entfernt, eingebettet in sanfte Hügel, saftige Wiesen und saubere Luft, gehört das Dorf zu den Zauberorten in Deutschland. Ein Hort, an dem man sich wohl fühlt, genießen und sich erholen kann.

Die Menschen im malerischen Lützenhardt haben im Laufe der Jahrhunderte einiges erleben müssen. Zwar wurden sie von den beiden Weltkriegen längst nicht so sehr heimgesucht wie z. B. die Menschen im Ruhrgebiet oder in Dresden, dafür mussten sie aber andere Unbilden über sich ergehen lassen. Stets wurden die Einwohner von Lützenhardt überaus kritisch beäugt, niemand der Bewohner anderer Dörfer wollte in den Gründerjahren mit den Lützenhardtern in näheren Kontakt treten, denn sie gehörten zum fahrenden Volk, stammten von Sinti und Roma ab. Ihre Heimat Lützenhardt, in der bereits vor Hunderten von Jahren die sogenannten »Zigeuner« sesshaft geworden waren, machten die Einheimischen in ganz Deutschland und dem angrenzenden Frankreich bekannt. Durch ihre Arbeit als Bürstenmacher und Hausierer kamen die Lützenhardter viel in der Umgebung herum und wurden bekannt. Als geschickte Händler konnten sie sich im Laufe der Jahre eine sichere Existenz aufbauen.

Heute gibt es in Lützenhardt noch viele Nachkommen der einstigen Bürstenmacher aus den Völkern der Sinti und Roma. Längst sind sie Besitzer von Geschäften, Hotels, Cafes oder Pensionen bzw. Kurhäusern, in denen jährliche Hunderte von

Gästen verweilen. Doch ihre Tradition, ihre Herkunft haben die Menschen in Lützenhardt nicht vergessen. Sie kennen ihre Feiertage, ihre Rituale und ihre Speisen.

Und genau deswegen sollte uns der stramme Herr St. im Herbst 1992 in das Schwarzwalddorf schicken mit der Absicht, verbrannte Erde zu hinterlassen.

Der Tierschutzverein Freudenstadt, zu dessen Kreis Lützenhardt gehört, hatte im Wald nahe beim Dorf irgendwann verdächtige Tierknochen an einer verlassenen Feuerstelle gefunden und sofort Alarm geschlagen. Hier, so die Tierschützer, müssen verrohte Exemplare der Gattung Mensch am Werk gewesen sein. Statt Schweine, Hühner, Gänse, Pferde oder Rinder zu verspeisen, hatten sich hier Unbekannte offenbar Hunde und Katzen schmecken lassen. Für Mitteleuropäer eine geradezu barbarische Art sich zu ernähren. Schnell waren die Schuldigen gefunden. Wie in den Jahrhunderten zuvor konnten das nur die »Zigeuner« aus Lützenhardt gewesen sein, die im Hinterkopf der »normalen« Bevölkerung noch heute als gefährliche, unberechenbare Wesen gelten.

Schnell bekommt auch die Chefredaktion in Hamburg davon Wind und veröffentlicht einen reißerischen Artikel über die so erschreckenden Vorgänge im tiefsten Schwarzwald. Wie mir der Ortsvorsteher später sagen wird, ist der Bundesartikel erstunken und erlogen. Einen Tag nach seiner Veröffentlichung werden wir von Stuttgart aus Richtung Schwarzwald geschickt. Wieder sind Mani und ich unterwegs. Bei strömendem Regen und klammer Kälte bahnen wir uns den Weg nach Lützenhardt.

Die Leitung des Unternehmens »Hundefresser-Dorf« hat Bundesredakteur St., der schneidige Mann aus Karlsruhe. Sein Auftrag, den er uns mit auf den Weg gibt: das Dorf so mystisch, unheimlich und gefahrvoll darzustellen wie es irgend geht.

Schon kurz nach unserer Ankunft spricht sich im Ort herum, wer wir sind. Die Menschen begegnen uns mit Misstrauen, das sich im Laufe des Abends zu offener Feindschaft entwickelt.

Unser Auftrag lautet nicht, einen objektiven Bericht darüber abzuliefern, ob die Vorwürfe gegen die Bevölkerung des Dorfes gerechtfertigt sind oder nicht, sondern wir sollen eine konstruierte Geschichte schreiben, sollen Fotos machen, die eine gewisse unheimliche Stimmung beim Leser aufkommen lassen. Um es kurz zu sagen: Wir sollen Lützenhardt und seine Bewohner als gefährlich, unheimlich, barbarisch und pervers darstellen, um damit die vorherige, in Hamburg geschriebene Geschichte zu stützen. Mit vor Wut hochrotem Kopf erklärt mir der Ortsvorsteher von Lützenhardt, dass niemand aus der Hamburger Redaktion mit ihm geredet habe. Alles, so der Lokalpolitiker, was in dem Artikel stehe, sei erfunden. In seiner Heimat würde niemand Hunde und Katzen schlachten, um sie anschließend am Lagerfeuer zu rösten und zu verspeisen. Zwar habe es diesen Brauch gegeben, doch das sei inzwischen Jahrzehnte her.

Für BILD dennoch eine Geschichte, die so richtig nach dem Geschmack von St. und seinen Freunden in Hamburg ist. Sie sind weit vom Geschehen entfernt. Sie werden den Menschen in Lützenhardt niemals in die Augen blicken müssen, niemals die eigene Schande im Spiegel betrachten müssen. Diese Arbeit überlässt man uns vor Ort, auch die unter solchen Umständen verständlichen Bedrohungen, denen wir uns abends in Lützenhardt ausgesetzt sehen. Die Bewohner des Dorfes betrachten uns als sensationslüsterne Reporter, die das Image des Ortes zerstören wollen. Wer weiß, wahrscheinlich haben wir das auch geschafft, vielleicht mussten viele Pensionen, Cafes oder Hotels schließen, weil aufgrund unserer »Berichterstattung« zahlreiche Gäste ausgeblieben sind.

Das alles stört weder St. in Stuttgart, noch die Chefs in Hamburg. Sie erkennen die »Hundefresser-Story« als Auflagenpusher – und stellt sie sich in Wirklichkeit nicht so dar wie es sich Hamburg denkt, wird die Wahrheit eben zurechtgeschustert.

Was interessieren da schon die Bauerntrottel aus dem Schwarzwald? Hauptsache, die Leserschaft glaubt, was BILD ihr liefert und kauft die Zeitung mit dem Bericht über das unheimliche Dorf und seine perversen Bewohner. Auch bei ihnen habe ich mich zu entschuldigen, auch wenn die Story aus dem »Hundefresser-Dorf« schon elf Jahre alt ist.

Da rebelliert die Psyche

Der ewige Druck, die feindliche Atmosphäre in der Redaktion, die Eskapaden verschiedener Kollegen und auch die schwäbische Mentalität beginnen mich zu zermürben. Der fast tägliche Ärger in der Redaktion, die hinterlistigen Beschneidungen meiner Rechte (z. B. veranlasst J., dass das Level, auf dem meine Zugriffsrechte im Computersystem der Redaktion festgelegt sind, heruntergeschraubt wird, d. h., ich komme nicht mehr an alle Artikel, um sie im System zu lesen) und meiner Stellung innerhalb der Belegschaft werden dadurch vorangetrieben, dass meinen Ausführungen und Vorschlägen in der Konferenz kaum noch Beachtung geschenkt wird. Allmählich haben es die Damen und Herren in Esslingen geschafft, den Eindringling aus dem Ruhrgebiet auszusperren, ihn zu vernichten. Ob es der dicke Ossi, der große Blonde, der Klatschreporter mit dem Bürstenschnäuzer oder der kleine Herr J. sind: Sie alle ziehen in diesem Fall an einem Strang, und der Redaktionsleiter wird der Lage nicht Herr.

Bei mir äußert sich das Unwohlsein in psychosomatischer Weise. Ich bekomme schrecklichen Durchfall, magere ab (35 Kilo innerhalb von drei Monaten) und werde erst einmal für sechs Wochen krank geschrieben. Als ich wieder auf der Arbeit erscheine, bittet mich der kleine Herr J. zu sich und eröffnet mir, dass ein Mitarbeiter der Personalabteilung in Hamburg auf mich warte und ich mit dem nächsten Flieger dort hin reisen müsse.

    Noch lange nicht gesund steige ich ins Flugzeug. Rund zwei Stunden später sitze ich bei Herrn B. im Büro. Nach Stuttgart möchte ich nur noch, um die Koffer endgültig zu packen.

»Ich bin Jurist«

Dieser Herr B. empfängt mich im Hamburger Springer-Haus mit distanzierter Freundlichkeit. »Ich bin Jurist«, sagt er gleich zu Anfang in einer Art, die offenbar Respekt oder gar Angst bei mir auslösen soll. Doch daraus wird nichts. B. bietet mir nach anfänglichen Nichtigkeiten einen Auflösungsvertrag und 10.000 Mark an (feuern kann mich der Herr Jurist nämlich nicht, weil ich mir nichts habe zu Schulden kommen lassen. Er kann mich nur bitten zu gehen). Ich zögere, unterschreibe dann aber den Auflösungsvertrag, weil ich nur weg will – weg aus Hamburg, weg aus Stuttgart, weg von den B's und den J's, weg von Redaktionsleiter S. und dem zackigen Blonden.

Jurist B. erzählt mir etwas von einem qualifizierten Arbeitszeugnis, das ich bekommen soll. Als ich das Schriftstück Monate später in Händen halte und es einem Arbeitsrechtler überreiche, schlägt der die Hände über dem Kopf zusammen. Was die akademisch gebildete Personalabteilung Springers dort geleistet hat, ist überhaupt nicht rechtens. »Auf Grund einer Krankheit«, so steht dort, sei ich nicht mehr in der Lage gewesen, meine guten Leistungen weiterhin zu erbringen.

Dabei weiß jeder Schmalspur-Arbeitsrechtler, dass Krankheiten in einem Arbeitszeugnis nicht erwähnt werden dürfen. Sicherlich kein Pluspunkt für den Herrn Juristen in Hamburg, der es offenbar nötig hat, sein Studium immer wieder ins Gespräch zu bringen.

Kontakt mit Schulze meiden

Ohne mein Wissen hat sich inzwischen hinter den Kulissen in Hamburg, Kettwig und Stuttgart einiges getan. Ob es die Tatsache ist, dass ich nicht mehr so funktioniere wie gewünscht, ob es meine Äußerungen gegenüber dem geschäftsführenden Redakteur bezüglich der rechtsradikalen Ausschreitungen in der Stuttgarter Redaktion sind oder, ob ich schon zu einem

Sicherheitsrisiko für BILD geworden bin? Ich kann die Frage nicht beantworten. Allerdings wird mir bewusst, wie interessant meine Person innerhalb des Verlages geworden ist, als ich wieder einmal die Kollegen in Kettwig besuche.

Eine Mitarbeiterin sagt mir im Vertrauen: »Gegen dich ist hier ein Brief aus Hamburg aufgetaucht. Kontakt mit Schulze meiden, steht dort drin. Warum, kann ich dir nicht sagen.« Bis heute habe ich diesen ominösen Brief, dessen Existenz mir nur vom Erzählen bekannt ist, nicht zu Gesicht bekommen. Vielleicht ergibt sich ja irgendwann einmal die Gelegenheit dazu. Dann kann ich wieder kräftig lachen.

Da ich froh bin, wieder in Nordrhein-Westfalen zu sein, macht mir die Sache mit dem Brief nicht viel aus. Hamburg ist weit weg, sage ich mir. Dort dürfen sie alles essen, aber nicht alles wissen. Also halte ich zu den Kollegen weiterhin Kontakt und genieße die drei Monate bis zum Jahresende, die ich beurlaubt bin, aber voll bezahlt bekomme.

Dennoch lässt es sich nicht vermeiden, dass sich die Depressionen, die sich dann und wann unter dem Eindruck der Stuttgarter Ereignisse gebildet hatten, von Zeit zu Zeit wieder melden. Ich verbringe viel Zeit im Bett, denn das Abmagern hat mich doch deutlich geschwächt. Mit Konfektionsgröße 50 bei 1,91 Meter Größe gehöre ich inzwischen schon nicht mehr zu den Menschen mit Idealgewicht, sondern gelte als untergewichtig. Trotzdem fühle ich mich in meiner Haut von Tag zu Tag besser und schmiede bereits Pläne für die Zukunft. Mein Blick ist nach Aachen gerichtet. Dort werde ich zusammen mit einem Fotografen ab Januar 1994 die tägliche Regionalseite der BILD als freier Mitarbeiter produzieren.

VI.

»Colonia, c'est moi!«

Im Schatten des Doms

In der Gereonstraße unweit des Kölner Doms, praktisch in seinem Schatten, befindet sich die Kölner Redaktion von BILD. Organisatorisch der NRW-Zentralredaktion in Essen-Kettwig unterstellt, verfügt sie dennoch über einen Redaktionsleiter und dessen Stellvertreter, der gleichzeitig Bundesredakteur ist.

In der rheinischen Metropole hat ein Ostwestfale die Geschäfte als Stellvertreter übernommen. Redaktionsleiter ist ein Mann aus Norddeutschland, den wir hier Money-Mani nennen wollen, denn er lebt gern auf ganz großem Fuß, worauf ich im Laufe des Kapitels noch zu sprechen komme. Also ist von echten Rheinländern in der Redaktion erst einmal nichts zu spüren. Und genau das soll den Stellvertreter von Mani – aus eigener Sicht sozusagen – zum Superkölner machen. Ein geradezu päpstlicher Papst, ein Kölner, der gar keiner ist, sich aber gerade deswegen kölscher gibt als die Einheimischen. Das kann auf Dauer nicht gut gehen, was der Mann aus dem Ostwestfälischen aber nicht sieht. Sei's drum, inzwischen ist er nicht mehr in Köln.
Kollege H. hat seine Lieblinge, wie schlechte Lehrer sie in jeder Schulklasse haben. Ich zähle nicht zu den bevorzugten Kollegen des Mannes mit dem schmalen Vollbart. Aachen ist ihm sowieso ein Dorn im Auge, weil er dort die beiden Mitarbeiter nicht unter direkter Kontrolle hat und weil er als Ober-Kölner natürlich auch jede andere Stadt als kulturell unbedeutend betrachtet.
H. hat auch so seine Probleme mit der eigenen Persönlichkeit. Stets ist er der ewige Zweite, bekommt diesen Mani aus

Hamburg vor die Nase gesetzt, nachdem Lutz Kittel (einer der wenigen vernünftigen BILD-Leute) nach einem Hörsturz den Posten an den Nagel gehängt hatte. Da hat man bei der Personalplanung nach Meinung H's aber nun wirklich daneben gegriffen. Wie kann es eigentlich sein, so fragt er sich täglich, dass nicht er neuer Redaktionsleiter von Köln geworden ist! Schließlich ist er der journalistische Herrscher in der Domstadt und nicht dieser aufgequollene Hamburger, der auch noch den Schulze für Aachen engagiert hat. Also lässt er, nach alter Gutsherrenart, die ich ja bereits aus Stuttgart kenne, seine schlechte Laune an mir aus. Kein Artikel ist richtig, keine Information detailliert genug, kein Informant von mir vertrauenswürdig. H. kreischt, zetert und brüllt am Telefon. Er will Angst verbreiten, schafft es nicht und wird dadurch immer frustrierter. Fast offen drängt er darauf, die Aachen-Seite abzuschaffen (was inzwischen auch geschehen ist) und setzt mir mit Frau B. eine dümmliche Stolbergerin als Konkurrenz ins Nest.

H. ist nicht einmal raffiniert genug, sein Spiel versteckt auszutragen. Offen legt er es darauf an, mir Schaden zuzufügen. In Wirklichkeit steckt sein Kampf gegen Mani dahinter, den er durch Frau B. und mich austragen lässt. So werden wir zu Bauernopfern und Soldaten in einem Krieg, der nicht der unsrige ist. Frau B. hat das, so glaube ich, bis heute nicht begriffen. H. jedenfalls, so munkeln nicht nur Kollegen, sondern auch Persönlichkeiten aus Köln und Aachen, kommt sich vor wie der Herrscher in der Domstadt. Seine Frau gibt bei passenden und nicht passenden Gelegenheiten wie offiziellen Empfängen eine Art »First Lady« für Arme. Lächerlich, wie nicht wenige finden.

Brot und die Jungs

Ausgerechnet zur Europawahl 1994, als die SPD Wahlplakate aufhängen lässt, auf denen ein mit Handschellen gefesselter Mafioso zu sehen und der Slogan »Gegen das Organisierte

Verbrechen« zu lesen ist, macht ein Aachener Euro-Abgeordneter der Partei negative Schlagzeilen – und zwar mit mafiosen Geschäften. Irgendwo in Süddeutschland soll Dieter Schinzel, Bruder des berühmten Schlagersängers Christian Anders (Antonio Schinzel), in einen Coup um fünf Millionen falscher Schweizer Franken verwickelt sein. An einer Autobahnraststätte sollen Fahnder des BKA als Käufer getarnt aufgetaucht sein. Er landet sogar in Untersuchungshaft, und sein Bruder kettet sich aus Protest nackt ans Gefängnistor. Damit ist Schinzels politische Karriere beendet.

Für uns und die anderen Zeitungen ist das natürlich ein gefundenes Fressen. Von Köln bekommen wir die Order, das Einfamilienhaus des Abgeordneten nicht aus den Augen zu lassen. Zusätzlich sollen wir in und um Aachen nach dunklen Flecken auf der Weste des Mannes recherchieren. Mit in unsere Recherchen gerät auch die damalige SPD-Bundestagsabgeordnete und heutige Gesundheitsministerin Ulla Schmidt, die – wie es scheint – eine gute Freundin von Schinzel ist.

Irgendwann glauben die Kölner, wir seien der Sache nicht gewachsen und lassen aus Hamburg einen Chefreporter kommen. Brot, so der Name des Kollegen in Anspielung auf seinen tatsächlichen Nachnamen, kommt im dicken BMW von Hamburg nach Aachen gebraust und mietet sich in ein Hotel ein. Von dieser Stunde an befindet sich hier die provisorische Redaktion von BILD-Aachen. Sofort machen wir uns mit Brot zusammen auf die Recherche. Unser erster Weg führt uns zum Haus von Schinzel, wo wir im Auto Stunden vor der Haustür verbringen, ohne Erfolg zu haben. Dann kommt Kollege Brot auf eine Idee und greift zu illegalen Mitteln. Er geht auf die Tür des Hauses zu und prüft mit der rechten Hand so ganz nebenbei, ob der Briefkasten abgeschlossen ist. Er ist es. Das macht aber nichts, denn Brot lässt in seinem Eifer nicht nach und zieht mit spitzen Fingern ein, zwei Briefe aus dem Schlitz. Als ihm der Absender uninteressant erscheint, steckt er sie wieder hinein.

Dem nicht genug, macht sich Brot nun über den Müll der

Familie Schinzel her. Dabei stören ihn auch nicht die gebrauchten Windeln des Babys im Mülleimer. Schließlich packt er den gesamten Müllbeutel, lässt ihn in seinem Kofferraum verschwinden und rast zum Hotel. Im Zimmer kippt er den gesamten Mist auf den Schreibtisch und durchwühlt ihn nach Notizzetteln. Enttäuscht lässt er nach einigen Minuten von dem Dreck ab und transportiert ihn zur nächsten Mülltonne auf der Straße.

Brot scheint ein Reporter zu sein, der mit allen Mitteln Unrecht aufdecken will. Vielleicht liegt das daran, dass er vor gar nicht langer Zeit selber in einem der Fälle steckte, über die BILD sich immer gern öffentlich aufregt, was im Grunde nicht falsch ist, wenn gleiches Recht in allen Fällen gilt. Während das Massenblatt mit dicken Lettern und markigen Texten gegen Kinderschänder vorgeht, haben die Chefs in Hamburg offensichtlich bei Brot einmal ein Auge zugedrückt. Der Chefreporter war 1994 vor wenigen Jahren Leiter einer der Redaktionen in den neuen Bundesländern. Dort, so behaupten heute noch viele Kollegen, soll er minderjährige Jungen sexuell belästigt haben. Ob der Vorwurf sich bestätigt hat, haben wir Redakteure nie erfahren. Doch Brot wurde seines Postens enthoben und als Chefreporter in Hamburg eingesetzt. Gut möglich, dass in der höchsten Etage von BILD nach »heiligem« Muster verfahren wurde, nämlich so wie es die Katholische Kirche schon seit Jahrhunderten macht. Die Delinquenten werden mit einem anderen Posten bedacht, damit nicht der ganze Laden in Verruf gerät (was der Kirche nebenbei bemerkt ja nicht gelungen ist), verschwinden mehr oder weniger in der Versenkung – und schon ist die Weste wieder sauber.

Solch eine Gnade wurde Dieter Schinzel durch das Blatt nicht zuteil. Er wurde öffentlich angeprangert, obwohl er in einer vergleichsweise geringeren Sache verstrickt war.

Mani und das Money

Mani, der Chef im Kölner Ring der BILD, macht im ersten

Moment den Eindruck eines gemütlichen Dicken, der für mich äußerlich eine verblüffende Ähnlichkeit mit dem deutschen Comedy-Star Thomas Koschwitz hat. Doch bei näherem Hinsehen erkennt auch das nicht geschulte Auge das Gesicht eines Mannes, der es mit dem Genießen – besonders in puncto Alkohol – seit Jahren doch etwas übertrieben hat. Mani verdient als Redaktionsleiter mindestens 15.000 Mark brutto im Monat, fährt einen Opel-Rekord als Dienstwagen und nimmt es bei sich persönlich mit der Arbeitszeit nicht ganz so genau. Viel lieber hält er sich in Spielcasinos, Wettbüros und auf der Pferderennbahn auf. Das ist seine Welt, mondän und mitten unter den Schönen und Reichen der Stadt zu sein. Da kann er den großen Mann spielen, woran ihn ansonsten Körpergröße und geistige Beschaffenheit hindern. Gern erweist Mani seinen Freunden joviale Dienste. So muss ich zusammen mit Fotograf Norbert im Winter '94 in Aachen über die Neueröffnung eines Wettbüros berichten. Inhaber des Hauses sind – wie kann es anders sein – zufällig Kölner Bekannte von Mani.

Das Leben dieses Mannes kostet natürlich Unmengen von Geld. Soviel, dass selbst das Einkommen als Redaktionsleiter dann und wann viel zu gering ausfällt. Dann jammert Mani, wie Kollegen berichten, den ganzen Tag vor sich hin, ist launisch, kümmert sich nicht um die Zeitung, sondern öffnet lieber eine Flasche Schampus. Seine knatschig-quakend hohe Stimme formuliert dann nur noch Worte des Unwohlseins, was für die unmittelbaren Mitarbeiter der Redaktion eine Qual ist. Manis Laune steigt erst dann wieder, wenn er finanziell Land sieht. Dann trumpft er auch in der Redaktion ganz dick auf.

Ganz in Weiß und aufgequollen

Manchmal kommt unser Weltstädter auf ganz großzügige Ideen. Durch eine der Sekretärinnen lässt er dann Reibekuchen und Kaviar von einem Feinkostladen in die Redaktion kommen. Champagnerkorken knallen, die Sekretärinnen kichern, und Mani ist, ganz wie ein Kind, in seinem Element. Gestikulierend erzählt er bei solchen Anlässen gern, dass nur die Kölner BILD ideal sei, andere, so der Journalist, würden nur Scheiße fabrizieren. Dass er so überschwänglich wirkt, muss am Alkohol liegen, den er auch dann nicht aus dem Körper lässt, wenn er noch Autofahren muss. Ab und zu aber wirkt der Gesellschaftslöwe abgespannt und sehr krank. In seinem weißen Anzug ist er dann kaum zu erkennen, weil sein Gesicht die gleiche Farbe trägt. Er schwört jedesmal öffentlich dem Alkohol ab, holt sich wenig erbauliche Diagnosen bei Ärzten, um wenige Tage später weiter zu trinken. Im Grunde leidet der Mann am Harald-Juhnke-Syndrom. Auch ihm wurde mehrfach deutlich gesagt, dass der nächste Schluck der letzte sein könne.

Doch ob Harald oder Mani – beide schlugen die Warnungen der Mediziner stets in den Wind. Ob er noch lebt und sein Leben so fortsetzt wie damals, ist mir nicht bekannt. Unsere Wege trennen sich Ende 1994. Welche Gedanken bei Mani eine Rolle gespielt haben, als er die Aachener Redaktion auflöst, vermag ich nicht zu sagen. Fest steht jedenfalls, dass er Köln wenige Monate später Richtung Hamburg wieder verlässt. Frau B. dümpelt noch ein paar Wochen lang als Reporterin in der Kaiserstadt herum, dann gibt es BILD-Aachen nicht mehr. Die Leser in der westlichsten Großstadt Deutschlands müssen sich seitdem mit der Kölner Ausgabe begnügen. Für unseren Mani bedeutet seine rheinische Zeit jedoch einen ungeahnten Aufstieg. Einer seiner Freunde ist zu diesem Zeitpunkt Chefredakteur der gesamten BILD-Zeitung und holt ihn zusammen mit einer Kölnerin nach Hamburg. Mani wird Chef der Unterhaltungsredaktion. Von hier aus bestimmt er nun, welcher Star mit welchem Klatsch ins Blatt kommt, ob über das britische Königshaus oder den Prügel-Prinzen aus dem Hause Hannover berichtet wird. Mani ist nun ganz nah an den Reichen und Schönen dieser Welt. Besser konnte es für ihn nicht kommen.

Für mich bedeutet Aachen das endgültige Ende bei BILD. Ich habe genug von der größten Tageszeitung Europas, und wie es scheint, sie auch von mir. Ich nutze die Zeit, um mich in der

Branche ein wenig umzusehen. In Wiesbaden, so höre ich, sucht ein Verlag Leute, weil ein Konkurrenzblatt zur BILD-Zeitung entstehen soll. Ich finde Gefallen an dem Gedanken, mit den ehemaligen Kollegen in Konkurrenz zu treten und bewerbe mich. Wenige Tage später sitze ich im Auto und fahre über die A 3 Richtung Frankfurt nach Wiesbaden.

VII.

Wen stört schon das Gesetz?!

Wiesbaden und ein neues Blatt

Gesetze sind dazu da, gebrochen zu werden. Der Erfinder dieses perfiden Spruchs muss ein wahrer Verbrecher gewesen sein, und er hat eine Menge Menschen als Fans – Menschen, die sich diesen Spruch zum Lebensmotto erkoren haben. Offensichtlich haben das auch Verantwortliche im Klaus-Helbert-Verlag getan. Anders kann ich mir ihr Verhalten jedenfalls nicht erklären.

Als ich morgens um zehn das Hochhaus aus Glas und Stahl betrete, weiß ich noch nichts von dem, was auf mich zukommen soll. Im Büro des Verlagsleiters sitze ich einem schlanken Herrn mit Brille gegenüber. Er trägt einen braunen, korrekt sitzenden Anzug, bietet mir Kaffee an und beginnt das Gespräch im Plauderton.

Mit der Erotikzeitschrift »Coupé« sei man inzwischen zum Marktbeherrscher dieses Segments avanciert. Jetzt sei es an der Zeit, auf dem Boulevardsektor mit »Blitz« dem größten Massenblatt auf dem Markt den Kampf anzusagen, erklärt er mir. Dafür, so der Verlagsleiter, nehme man nur die Besten. Dann beginnt er, mir Honig um den Bart zu schmieren. Natürlich würde ich zu den Besten zählen, das beweise meine langjährige Tätigkeit bei BILD in unterschiedlichen Redaktionen. Selbstverständlich habe er mich in die engere Wahl gezogen. Und – ganz ehrlich, ohne Schmus – er sei davon überzeugt, dass ich es noch weit bringen werde. Nach rund einer halben Stunde Gerede kommt der angebliche Chefredakteur des neuen, in Planung befindlichen Blattes dazu. Er fragt scheinbar interessiert, ob ich in der Lage sei, eine Polizeiredaktion aufzubauen. Als ich bejahe und kurz schildere wie ich das bewerkstelligen würde, sagt er kurz und bündig: »Okay, Herr Schulze, sie werden Ressortleiter Polizei. Ich stelle sie für 100.000 Mark Jahresgehalt ein.« Zwar habe ich seine Aussage noch nicht schriftlich, aber auch ein mündlicher Arbeitsvertrag ist nach deutschem Recht gültig. Das aber scheint der Herr, wenn ich die Sache wohlwollend betrachte, nicht zu wissen. Vielleicht lebt man in dem Wiesbadener Verlag auch nach dem Motto: »Wen stört schon das Gesetz«.

Der Verlagsleiter im braunen Anzug bittet mich kurz bevor ich gehe noch darum, ihm einen Artikel meiner Wahl und einen Kommentar von zu Hause aus zu schreiben, damit er meinen Schreibstil kennt. Obwohl ich meiner Bewerbung Arbeitsproben beigelegt hatte und eine solche Bitte eher ungewöhnlich ist, will ich ihm den Wunsch gern erfüllen. Einen Tag nach meinem Einstellungsgespräch schreibe ich die gewünschten Texte und faxe sie von einem Postamt aus nach Wiesbaden. Mehrere Tage vergehen. Dann wird mir die Warterei zu bunt. Ich rufe den Verlagsleiter an, um zu erfahren, was denn nun los sei. Er windet sich am Telefon und meint schließlich, die Texte seien noch nicht ganz das gewesen, war er erwartet habe. Er schließt mit der Frage, ob ich nicht erneut etwas schreiben und ihm schicken könne. Natürlich kann ich – und so setze ich mich hin und formuliere neue Texte für Wiesbaden, die ich wieder von der Post aus faxe, was mich jedes Mal 14 Mark kostet.

Wieder vergehen einige Tage, wieder werde ich hingehalten und ein drittes Mal um Texte gebeten. Allmählich wird mir klar, dass es sich bei der Sache um reine Schwindelei und Betrug handelt. Vom Vertrag als Ressortleiter ist nicht mehr die Rede. Ja, selbst von der Zeitung spricht beim Klaus-Helbert-Verlag niemand mehr. Zudem fällt mir in diesen Tagen der Bericht einer SPD-Bundestagsabgeordneten in die Hände. Was die Frau zu erzählen weiß, lässt mich aufhorchen.

Die SPD wird aktiv

Die Befürchtungen der SPD-Bundestagsabgeordneten scheinen

nicht unbegründet zu sein. In einer Ausgabe der Zeitschrift »Journalist«, das Blatt des Deutschen Journalisten Verbandes (DJV), bemängelt sie, dass der Wiesbadener Verlag eine Tageszeitung herausbringen will, die noch aggressiver, noch niveauloser und noch härter als BILD sein soll. Tatsächlich hat die Politikerin recherchiert und Erstaunliches über den Verlag, in dem die Zeitung erscheinen soll, herausgefunden.

Auch das TV-Magazin »Monitor« beim WDR widmet sich in einem Beitrag dem seltsamen Geschäftsgebaren des Verlegers Klaus H. Nicht selten, so ist dem Beitrag zu entnehmen, arbeitet er hart am Rande der Legalität.

Möglicherweise ist es dem Engagement der Frau aus dem Bundestag zu verdanken, dass »Blitz« bis heute nicht auf dem deutschen Zeitungsmarkt erschienen ist. Es mag der politische Druck gewesen sein, der den Verlag davon abhielt, das Blatt zu starten. Diese Erkenntnis scheint allerdings in den Köpfen der Verlagsleitung lange vorher gereift zu sein. Denn ich werde immer noch hingehalten, soll weitere Texte einsenden oder mich zu einer freien Mitarbeit beim Erotik-Magazin des Hauses bewegen lassen.

Einmal vorgewarnt, gehe ich auf diese Offerten nicht ein. Weder vom Verlagsleiter im braunen Anzug noch von seinem Chefredakteur habe ich je wieder gehört.

VIII.
Berlin, Berlin...

Kein Tag ohne Verbrechen

Berlin ist Mitte er 1990-er Jahre *die* Metropole Europas. An allen Ecken und Enden der Stadt brodelt, knallt und zischt es im wahrsten Sinne des Wortes. Mafia-Banden haben die neue alte Hauptstadt Deutschlands für sich entdeckt und legen sich mittels des illegalen Zigarettenhandels, der Grundstücksspekulation, dee Rotlichtmilieus und der dem Menschen eigene Gier nach Reichtum und Macht einen dicken Speckgürtel zu. Einwanderer aus Russland, Polen, Vietnam und Afrika strömen in die ehemalige Frontstadt des Kalten Krieges. Hier gibt es in diesen Jahren keinen Tag ohne Verbrechen, kaum ein Stadtviertel, in dem nicht gemordet, erpresst oder illegal verkauft wird.

Mitten in dieser Zeit rufe ich eher zufällig einen alten Kollegen an, den ich aus BILD-Zeiten kenne. Feiko, so der Name des ehemaligen DDR-Journalisten, lässt mich am Telefon kaum ausreden. »Wir suchen dringend einen Polizeireporter«, sagt er, »hättest du Lust, nach Berlin zu kommen?« Da ich gerade auf Arbeitssuche bin, sage ich einem Vorstellungstermin sofort zu. Wenige Wochen später lande ich auf dem Flughafen Tegel und fahre per Taxi in die Kreuzberger Kochstraße.

Obwohl ich mit BILD nichts mehr zu tun haben will, sitze ich nun im Springer-Hochhaus direkt an der ehemaligen Mauer – dort, wo Mitte der 1960er Jahre Studenten die Auslieferung der BILD-Zeitung durch gewalttätige Demonstrationen verhinderten; dort, wo wenige Meter entfernt zahlreiche DDR-Bürger bei ihren Fluchtversuchen das Leben ließen. Es ist ein legendärer, geschichtsträchtiger Ort, an dem nahezu pausenlos die

Sirenen der Polizeiwagen die Stille durchschneiden, und wo das Peter-Fechtner-Mahnmal in der Zimmerstraße an den schrecklichen Tod eines nur 18 Jahre alt gewordenen DDR-Bürgers erinnert, der im Todesstreifen zwischen Ost- und Westberlin, von den Kugeln der DDR-Grenzer getroffen, verblutete.

Ich bin in der dritten Etage des Verlagshauses in den Redaktionsräumen der B.Z., der ersten und damit ältesten Boulevardzeitung Berlins, die offiziell zum Ullstein-Verlag gehört. Der aber wurde bereits Jahrzehnte zuvor von Springer aufgekauft.

Ich besuche die Redaktion im April 1995, und im Grunde ist schon klar, dass ich in Berlin anfangen werde. Besprochen werden nur noch die Konditionen und der Zeitpunkt meines Arbeitsbeginns. Thomas R., der Redaktionsleiter, bittet mich, am 30. Mai anzufangen. Wieder bin ich sogenannter »fester Freier« Mitarbeiter einer Zeitung, aber nicht deren Angestellter. So sparen die Verlage nicht nur Unmengen an Sozialabgaben, haben also nichts mit der Renten-, Kranken- und Arbeitslosenversicherung der jeweiligen Leute zu tun, sondern es gilt für die Mitarbeiter auch nicht der geringste gesetzliche Kündigungsschutz. Sie sind damit gezwungenermaßen Freiberufler. Niemand von ihnen hat es sich ausgesucht: ein Umstand, der das soziale Netz der Bundesrepublik zukünftig weitaus mehr belasten wird als heute noch angenommen. Darüber hinaus wird mit diesen Arbeitsverhältnissen, die die »Freien« zu Sklaven machen, die Arbeitsgesetzgebung Deutschlands völlig aus den Angeln gehoben. Selbst die Bundesregierung (gleich welcher Zusammensetzung) schaut diesem Treiben tatenlos zu. Ganz im Gegenteil: sie hofiert die großen Verlage auch noch, ohne deren Verhalten gegenüber Staat und Arbeitnehmern auch nur leise zu kritisieren.

Dabei bildet der Springer-Verlag in diesem Zusammenhang leider keine Ausnahme unter den deutschen Verlagshäusern. Nach Studien und Erkenntnissen der Gewerkschaften gibt es in

Deutschland keine Branche außerhalb des Journalismus, in der in gleicher grausamer, kalter und unmenschlicher Art sozialer Kahlschlag betrieben wird. Das musste sich im übrigen auch die ehemalige Bundesfamilienministerin Rita Süßmuth (CDU) am Rande eines Auftritts im RTL-Morgenmagazin »Punkt 6« anhören. Damals hatte ihr ein Kollege beim Frühstück in der Kantine des Senders von der sozialen Wahrheit in Sender- und Verlagshäusern berichtet. Die Süßmuth habe sich entsetzt gezeigt, so der Kollege. Geändert hat sich auf offizieller politischer Bühne hinterher freilich nichts, denn auch Frau Süßmuth ist als Politikerin das eigene Hemd näher als die Jacke. Und das heißt in unserem Fall, dass sie Angst hat, bei den Medienmachern in Ungnade zu fallen, was ihr einen schlechten Wahlkampf bescheren könnte. Was interessieren da freie Mitarbeiter und schlechte, geradezu undemokratische Arbeitsverhältnisse? Frau Süßmuth will wiedergewählt werden, sonst nichts! Auch insofern vergeht in Berlin nicht ein Tag ohne Verbrechen.

Ins Nest gefallen

Der Fall der Mauer Ende der 1980-er Jahre hat besonders in Berlin zig Tausende von Menschen neue berufliche Chancen eröffnet. Zwar hat es die vom damaligen Bundeskanzler Helmut Kohl versprochenen blühenden Landschaften niemals gegeben, jedoch viele der ehemaligen DDR-Bürger, besonders die aus Ost-Berlin, haben neue Jobs bekommen. Gerade diejenigen, die in der DDR mehr oder weniger herausragende Berufe bekleideten, konnten sich auch nach der Wende wieder in lukrative und interessante Positionen retten. Da bilden auch TV-Sender und Verlage keine Ausnahme.

In der Berliner Lokalredaktion der B.Z. sind es Anne und Frank, die den Sprung in ein besseres Leben bravourös gemeistert haben.

Mit Anfang Dreißig, befinden sie sich fast auf dem Höhepunkt ihrer Karrieren als Journalisten. Und sie lassen neben dem beruflichen Engagement nichts unversucht, um weiter nach oben zu kommen. Die schlanke Anne trägt gern sehr kurze Kleider und Röcke, so dass bei den morgendlichen Redaktionskonferenzen ab und an ihr Höschen aufblitzt (wobei sie übrigens nicht die einzige im Raum ist, die so agiert). Frank hingegen spielt den coolen, smarten Journalisten, hält sich aber im wesentlichen aus bedeutenden Debatten heraus. Vielleicht hat er das bei seinem früheren Arbeitgeber, dem Allgemeinen Deutschen Nachrichtendienst (ADN), gelernt. Das DDR-Pendant zur DPA soll allerdings nicht nur allgemeine Nachrichten gesammelt und verbreitet haben. Journalisten sind und waren für Geheimdienste in aller Welt schon immer interessant.

Beide verfügen insgesamt über ein stattliches Monatseinkommen, das 10.000 Mark weit überschreitet, sind bei den Kolleginnen und Kollegen des Blattes nicht nur akzeptiert, sondern auch gefürchtet und tun so, als seien sie schon immer gegen die ehemalige DDR gewesen.

Rund die Hälfte der Belegschaft bei der B.Z. stammt aus den neuen Bundesländern, als ich Ende Mai 1995 in Berlin als Polizeireporter zu arbeiten beginne. Wir haben dort eine eigene Polizeiredaktion mit vier Redakteurinnen und Redakteuren sowie zwei Fotografen. Das Aufkommen an Kriminalität aller Art ist derart hoch, dass wir einen Früh-, Mittel-, und Spätdienst einrichten müssen, um überhaupt noch aktuell berichten zu können. Besonders häufig sind in dieser Zeit Mitte der 1990-er Jahre Berichte über Schießereien auf offener Straße zwischen Banden vietnamesischer Zigarettenschmuggler. Die »Vitschis«, wie die Berliner die Vietnamesen wenig respektvoll nennen, stehen zumeist im Ostteil der Stadt an U- und S-Bahneingängen, Straßenkreuzungen oder Hauptverkehrsstraßen und verkaufen ihre geschmuggelten Zigaretten für einen Bruchteil des Normalpreises. Diese Menschen sind Opfer der Wende. Als Gastarbeiter in der DDR willkommen, sind sie nach dem Fall der Mauer zu uninteressanten Sozialfällen geworden. Einmal nicht mehr akzeptiert, sind die Vietnamesen leichte Beute für Mafia-

Banden aus ihrer Heimat. Entweder sie akzeptieren die im wahrsten Sinne des Wortes mörderischen Bedingungen des illegalen Zigarettenverkaufs, oder sie gehen zurück nach Vietnam, das viele von ihnen in ihrem Leben noch nicht gesehen haben, weil sie in der DDR geboren wurden.

Die Arbeit als Polizeireporter in Berlin macht mir Spaß. Mein erster großer Einsatz ist der in die Geschichte der Weltkriminalität eingegangene Überfall auf eine Bank im vornehmen Zehlendorf, verübt durch die sogenannten »Tunnelgangster«. Die Bande hatte über Monate hinweg einen unterirdischen Tunnel von der Bank zu einer etwa 300 Meter entfernt liegenden Garage gebaut. Am Tag des Überfalls transportierte sie ihre Beute über diesen Weg in aller Seelenruhe ab, während sie oberirdisch von der Polizei gesucht wurde. Monate lang tappten die Ermittler im Dunkeln, bis zwei der Gangster plötzlich mit Geld um sich warfen und Verdacht erregten. Angefangen hatte die ganze Sache übrigens als Scherz. Die Mitglieder der Bande waren gleichzeitig Spieler der Thekenmannschaft aus dem »Cafe Melanie« in Steglitz und hatten sich den Coup bei einem Glas Bier überlegt. Frei nach dem Motto: Wie kommen wir am besten an Geld?

Bei der Geschichte gibt es noch eine Anekdote am Rande: Während des Überfalls, als die Gangster längst über alle Berge waren, hatte das SEK (Spezialeinsatzkommando) der Polizei Straßensperren errichtet. Niemand durfte passieren, selbst Anwohner durften, bei brütender Sommerhitze, nicht in ihre Häuser. Lediglich die Volksschauspielerin Edith Hanke, die in unmittelbarer Nähe der Bank wohnte, wurde von einem Polizeibeamten in ihr Haus geleitet. Alle sind in Deutschland gleich, nur manche sind halt gleicher! Zudem wurde nie bekannt, was die Täter an Klunkern, Geld und Gold aus den Schließfächern der Reichen von Zehlendorf erbeutet hatten. Schweigen ist eben Gold.

Ein anderer Fall, der mir in lebhafter Erinnerung ist, ist die tragische Suche eines Vaters aus Österreich nach seiner in Berlin verschollenen 14-jährigen Tochter. Der verzweifelte Mann hatte von der Polizei den Tip bekommen, sich bei uns zu melden, weil selbst die Polizisten am Ende ihrer Möglichkeiten angelangt waren.

Ich sehe den armen, verschüchterten Mann noch vor mir, als er von einer der Redaktionsassistentinnen in unser Büro gebracht wird. Stockend berichtet er, was ihn quält. Seine Tochter sei von Österreich aus abgehauen, es habe Differenzen im Elternhaus gegeben, sie habe in Berlin ihre Freiheit haben wollen. »Bitte helfen sie mir«, sagt der Ingenieur, und seine Augen füllen sich mit Tränen.

Also machen ein Fotograf und ich uns mit dem Vater auf. Wir ziehen durch die unangenehmsten Spelunken und Viertel von Berlin, fragen Straßenhuren und Zuhälter, Drogensüchtige am Bahnhof Zoo und auf der Kurfürstenstraße, am Breitscheidplatz und in Kreuzberg, zeigen immer wieder das Foto des Mädchens und haben keinen Erfolg.

Während wir uns zusammen mit dem Vater die Beine in Berlin ablaufen, sitzt Frank in der Redaktion und redigiert die Texte der Kollegen. Ein warmer, trockener und sicherer Job. Zumal, wenn man sich wie Frank gern wie das Fähnchen im Winde bewegt, nicht aneckt und zumindest vordergründig zu allen nett ist. Unser Musterpaar ist halt ins Nest gefallen.

Holger und der Aschenbecher

Chef der Redaktion ist ein gebürtiger Essener, der bei der »Glocke«, einer Heimatzeitung im Münsterland, das journalistische Handwerk erlernte. Über BILD in den Neuen Bundesländern kam er schließlich nach Berlin, um die Leitung der B.Z.-Lokalredaktion zu übernehmen. Tom ist ein umgänglicher Typ, zwar häufig nervös und überhastet sprechend, aber im Grunde wird er von vielen der Kolleginnen und Kollegen verkannt sowie als kompromisslos und hart bezeichnet. Vielleicht fehlt ihnen ja mal ein halbes Jahr BILD, oder ich bin schon derart durch den Job geprügelt, dass ich kleinere Fehlverhalten von Redaktionsleitern nicht mehr wahrnehme – wie gesagt, kleinere Fehlverhalten.

Nach etwa einem Jahr geht Tom und wird Chef eines lokalen Radiosenders in Berlin. Nun ist Holger, der zuvor die Geschäfte führte wenn Tom nicht da war, kommissarischer Redaktionsleiter. Holger, ein kleiner, dicklicher Hamburger mit schrecklich norddeutschem Akzent, wollte eigentlich Arzt werden, landete aber schließlich im Journalismus. Er scheint dem Druck als Redaktionsleiter nicht Stand halten zu können und verliert immer häufiger die Nerven.

Eines Abends, die Zeitung ist fast »zu«, nehme ich in Gedanken den Aschenbecher von seinem Schreibtisch mit und stelle ihn ein paar Meter weiter auf meinen Tisch. Plötzlich kommt Holger um die Ecke geschossen. Sein Kopf ist hochrot angelaufen.

Zitternd vor Wut entlädt sich aus seinem Mund eine verbale Mischung aus Brüllen und Kreischen. Dann greift er zu dem schweren Bakelit-Ascher und knallt ihn mit voller Wucht auf die Schreibtischplatte. Der Aschenbecher zerspringt mit lautem Knall in tausend Splitter, die den Kollegen und mir um die Ohren schwirren. Jetzt ist Holger blass geworden, dreht sich auf dem Absatz um und trampelt in Richtung seines Arbeitsplatzes. Wir sind starr vor Schreck, eine Kollegin kann gerade noch »Holger, spinnst du!« rufen, da bemerke ich, dass Blut an meiner linken Hand herunterläuft. Ich muss in einen der Splitter gegriffen haben. Bevor ich Holger damit konfrontieren kann, hat er seinen Aktenkoffer gepackt und ist verschwunden. Am anderen Tag will er mir nicht in die Augen blicken. Ich vergesse den Vorfall und spreche ihn nicht mehr darauf an.

Holger ist etwa Mitte vierzig, benimmt sich aber sehr häufig nicht so. Manchmal ist er mürrisch und übel gelaunt. Dann wieder läuft er kichernd durch die Redaktion oder versteckt sich hinter Säulen im Großraumbüro, um andere zu necken. Dann und wann spielte er sogar die Kumpelrolle und lädt zum Essen ein. Niemand wird richtig schlau aus ihm, am wenigsten er selber. Tatsächlich ist Holger ein Opfer der Zeitung. Nie wollte er Redaktionsleiter werden, weil ihm die Aufgabe nicht lag – und doch ist er es geworden. Und weil er nur kommissarischer Redaktionsleiter ist, bekommt er für mehr Arbeit und Verantwortung nicht mehr Geld. Auch das ärgert den Norddeutschen, der immer häufiger mit dem Gedanken spielt, nach Hamburg zurückzukehren.

Fahndungsfoto frei zum Druck

Wir haben es alle zusammen nie bemerkt. Täglich arbeiten wir mit dem Kollegen aus der Schlussredaktion zusammen. Täglich sehen wir ihn, sprechen mit ihm, lachen mit ihm. Nie haben wir etwas bemerkt. Sind wir zu abgestumpft für die Nöte unserer nächsten Kollegen, oder konnte er sich einfach nur sehr gut verstellen? Es kann nur die vielzitierte Ironie des Schicksals sein, dass wir hautnah erleben müssen, worüber wir fast tagtäglich in der B.Z. berichten. Einer von uns ist zum Verbrecher geworden!

Timo, einer der Fotografen aus der Polizeiredaktion und ich kommen gerade von einem Termin, als wir in der Redaktion eine seltsam angespannte Atmosphäre spüren. Alles ist oberflächlich wie immer, alles geht seinen alltäglichen Gang. Aber direkt unter der emotionalen Oberfläche der Kollegen scheint sich etwas zu bewegen. Betti, die Leiterin des Ressorts Polizei (wobei sich heute fast noch jeder fragt, warum sie das geworden ist – bestimmt nicht, weil sie irgendwann einmal im Blatt einen Polizeibeamten als »Oberhauptkommissar« bezeichnete; damit hatte Betti ihm einen Dienstgrad verpasst, den es überhaupt nicht gibt), steht gespannt an einem der großen Fenster und blickt auf den Parkplatz an der gegenüberliegenden Straßenseite. Fragen weicht sie aus. Plötzlich sagt sie wie abwesend: »Sie kommen, sie sind da!« Ich denke im ersten Moment, sie sei dem Wahnsinn verfallen und setze mich erst einmal an meinen Schreibtisch. Was dann kommt, lässt uns Mund und Ohren aufsperren. Vier Männer in Zivil betreten das Großraumbüro und gehen direkt auf den Schlussredakteur zu. »Herr X?« fragt einer, als der Kollege nickt, sagt der Beamte: »Sie sind verhaftet.« Dann klicken die Handschellen. Die fünf Männer verlassen den Raum. Wir können vor Überraschung kaum sprechen. Erst nach Minuten haben wir einigermaßen unsere Fassung wiedergewonnen und versuchen zu verstehen, was geschehen ist. Schließlich klärt uns der Chefredakteur auf.

Der Kollege, so der Chef, sei seit Jahren schwer drogensüchtig. Er benötige täglich für mehrere hundert Mark Amphetamine, Kokain, Heroin und was es sonst noch gibt. Irgendwann war das Geld (er stammt aus wohlhabendem Hause und verdiente auch nicht schlecht bei der B.Z.) aufgebraucht, und der Journalist musste sich überlegen, wie er an neue Finanzen kommt. Auf den Strich konnte er nicht gehen, weil er als Medienvertreter irgendwem hätte auffallen können – am wahrscheinlichsten einem Kollegen aus der Polizeiredaktion oder von anderen Zeitungen, die häufig im Milieu recherchieren.

Schließlich kommt er auf die Idee, eine Bank zu überfallen. Mit Sonnenbrille und Kopftuch getarnt, betritt er das Kreditinstitut. Zusätzlich zu seiner Verkleidung hat er sich zwei Tischtennisbälle in den Mund gesteckt, damit sein Gesicht voller als in Wirklichkeit erscheint. Ohne Komplikationen gelingt der Überfall, die Polizei fahndet erfolglos. Nun gehört es aber zum Fahndungsapparat der Polizei, bei Erfolglosigkeit die sogenannte »Öffentlichkeitsfahndung« in Gang zu setzen. Hierfür werden über die Pressestelle der Behörde die Medien in Gang gesetzt, damit Fahndungsaufrufe mit Fotos an die allgemeine Öffentlichkeit gelangen, um an Hinweise aus er Bevölkerung zu kommen. So auch im Fall des B.Z.-Kollegen. Zu allem Überfluss ist genau er es, der das Bild aus der Überwachungskamera der Bank zum Druck freigibt. Doch niemand von uns erkennt den Bankräuber aus den eigenen Reihen, bis eine Polizeireporterin einer anderen Berliner Tageszeitung – sie ist eine Freundin des Kollegen – ihn erkennt und bei der Polizei meldet.

So kommt es, dass der Mann direkt vom Schreibtisch aus in die Haftanstalt wandert. Sein Geständnis bei der Polizei tippt er übrigens selber, weil die Beamten im Formulieren von Texten Schwächen aufweisen und die Tastatur viel zu langsam bedienen.

Immerhin setzen sich Chefredaktion und Verlagsleitung für den Jungen schwer ein, besorgen ihm einen guten Anwalt und machen sich auch die eine oder andere Verbindung zur Justiz zunutze. Der Kollege kommt auf Bewährung frei, macht eine Therapie und darf danach wieder als Redakteur bei der B.Z. arbeiten. Doch er ist nicht der einzige im Kollegen-Umfeld, der den Drogen verfallen ist.

Vor gar nicht langer Zeit ging übrigens ein weiterer Journalist der Polizei ins Netz. Am 22. Mai 2003 meldet DPA: »Journalist wegen versuchter Erpressung von Rewe verurteilt. Wegen der versuchten Erpressung des Kölner Rewe-Konzerns ist ein 46 Jahre alter Fernsehjournalist zu dreieinhalb Jahren Haft verurteilt worden. Das Landgericht Köln verurteilte ihn am Donnerstag, weil er gedroht hatte, Lebensmittel zu vergiften. Er hatte 1,7 Millionen Euro verlangt. Bei Verhandlungen über eine Geldübergabe war er in einer Telfonzelle gefasst worden. Trotz einer von einer Gerichtspsychiaterin festgestellten Persönlichkeitsstörung gingen die Richter, wie die Gutachterin, davon aus, dass er für seine Tat strafrechtlich voll verantwortlich sei.«

Tobi und die Love-Parade

Selbst Gotthilf Fischer, die Reinkarnation des Biedermanns aus dem Schwabenland, hat es schon erlebt. Er habe nicht mehr gewusst, ob er Männlein oder Weiblein sei. Tagelang hätten Glocken in seinem Kopf geläutet, und er habe sich wie auf Watte gefühlt. Der Leiter der Fischer-Chöre hatte vor Jahren einmal am Berliner Techno-Spektakel »Love-Parade« teilgenommen, bei dem Millionen von Halbnackten und bunt Kostümierten im Rhythmus harter Klängen durch die Hauptstadt ziehen. Mit viel Wohlwollen könnte man meinen, die zahlreichen sehr reizvollen Mädchen und Frauen hätten ihm die Glocken geläutet. Doch was den Musikus derart aus der Bahn geworfen hatte, war die Droge Ecstasy. Angeblich wurde sie ihm ins Bier gemischt. Wir wollen das hier mal glauben.

Nicht ins Bier, sondern über oralem Wege direkt ins Gehirn gehen die Drogen bei Tobi, einem unserer Kollegen aus der Polizeiredaktion. Der Mann schwitzt häufig, wenn es gar nichts zu schwitzen gibt. Sein Alkoholkonsum ist enorm, seine Hände sind aufgequollen. Nicht selten reagiert er bei kleinstem Anlass cholerisch. Zur Love-Parade 1996 hat er sich frei genommen, um mitten im Spektakel zu sein. Nachmittags sehen eine Kollegin und ich ihn auf einem Mäuerchen, nicht weit vom Springer-Haus entfernt, sitzen. Seine Hose ist zerfetzt, ein Knie blutet stark. Doch Tobi scheint von all dem nichts zu spüren. Mit geweiteten Pupillen starrt er grinsend vor sich hin. Ein Wunder, dass er uns noch erkennt. »Hi«, sagt er mit schleppender Stimme. Als wir ihn auf seinen Zustand ansprechen, lallt er: »Wieso, macht doch Spaß. Ich hab halt was genommen. Die Parade ist geil, absolut geil.« Dann steht er ungelenk auf und bewegt sich mit staksigem Gang auf die Eingangstür des Verlagshauses zu. Den Weg mit dem Paternoster in die dritte Etage muss er allerdings schadlos überstanden haben, denn weder von Personen- noch von Sachschäden ist mir in diesem Zusammenhang etwas bekannt. Tobi, sinnigerweise Sohn eines Berliner Heilpraktikers, arbeitet heute bei einem privaten TV-Sender als Rechercheur.

Wer jetzt glaubt, die Drogen und Banküberfall seien der Gipfel dessen, was ich bei der B.Z. erlebt habe, unterliegt einem Fehlschluß. Es kommt noch schlimmer.

Wir machen uns Sorgen

Ich kenne Stefan nur aus den morgendlichen Konferenzen, aus der Kantine und von der Weihnachtsfeier. Ansonsten haben die

Polizeiredakteure mit denen aus dem Ressort »Landespolitik« nur sehr wenig Kontakt, zumal sie auf unterschiedlichen Etagen im Verlagshaus sitzen. Der junge Mann aus Balingen in Baden-Württemberg ist stets korrekt gekleidet, freundlich und ein fleißiger Redakteur – eigentlich ein Kollege wie man ihn sich wünscht.

Eines Tages, ich habe Stefan seit längerer Zeit nicht gesehen und bin der Annahme, dass er Überstunden abbaut oder Urlaub hat, stoße ich im eigenen Blatt auf eine seltsame Anzeige. »Stefan, bitte melde dich, wir machen uns Sorgen. Deine B.Z.-Kollegen« steht dort. Als ich frage, was es damit auf sich hat, weiß niemand etwas oder will nicht recht mit der Sprache raus, also vergesse ich die Anzeige erst einmal und wende mich wieder meiner Arbeit zu. Wenige Stunden später muss uns der Chefredakteur erneut eine traurige Mitteilung machen. Doch diesmal helfen kein Anwalt und keine Therapie mehr. Stefan, der stille korrekte Kollege, lebt nicht mehr. Er hat sich an der Deckenlampe seines Wohnzimmers erhängt. Warum und welche schrecklichen Sorgen ihn geplagt haben – bringen wir nicht mehr in Erfahrung. Vielleicht ist es der Moloch Berlin, der die Menschen derart negativ beeinflusst, dass sie den Drogen verfallen oder sich selbst töten. Ich denke allerdings, dass der Beruf des Journalisten und der Umgang miteinander in Zeitungs- und Fernsehredaktionen hier eine entscheidende Rolle spielt. Die einen verlieren die Lebenstüchtigkeit ob der unmenschlichen Bedingungen, andere schreiben sie auf, um sich zu erleichtern.

Der Rechte bekommt kein Recht

Heinz kommt aus Hannover, ist etwa zwei Meter groß, hat eine Glatze und ist durchtrainiert. Er gehört zu den freien Fotografen der B.Z. und wohnt in Berlin-Wedding in der berühmt-berüchtigten Koloniestraße. Mehr ist über ihn zunächst nicht bekannt.

In seinem grün-weißen Passat, einem ehemaligen Streifenwagen, fährt er von Termin zu Termin durch die Stadt und ins angrenzende Brandenburg. Der Hundehalter, ein Kampfhund ist darunter, hält sich bei politischen Diskussionen auffällig zurück. Irgendwann erfahre ich, warum er sich so verhält. Heinz ist nach eigener Aussage zufolge ein ranghohes Mitglied der rechtsradikalen Szene in Deutschland gewesen. Zusammen mit inzwischen inhaftierten und vorbestraften sogenannten »Kameraden« hat er Wehrsportübungen gemacht und die Polizei an der Nase herumgeführt. Heinz hat in seinem Wagen sogar ein originales Funkgerät der Polizei. Es ist es alt und stammt aus einem ehemaligen Streifenwagen. Heinz sagt er habe gute Verbindungen in die Polizei von Hannover. Dort habe ihm jemand das Funkgerät besorgt und sogar eingebaut. Im Gegensatz zum Funkscanner, mit dessen Hilfe lediglich der Funkverkehr abgehört werden kann, hat Heinz die Möglichkeit, in den Polizeifunk einzugreifen. Ob er ihn nur zur journalistischen Arbeit missbraucht oder noch andere Dinge damit angestellt hat, weiß ich nicht. Jedenfalls ist er bei Staats- und Verfassungsschutz kein Unbekannter und stand auch schon vor dem Richter.

Man erzählt sich, dass der Fotograf zu Gewalttätigkeiten neigen und des öfteren seine türkische Freundin verprügelt haben soll. Wie sehr er ausrasten kann, erlebe ich auf einer Fahrt nach Brandenburg. Abgekämpft durch einen vorherigen Termin, steige ich bei ihm ins Auto und schlafe unterwegs ein. Weil er den Weg nicht kennt, und wir mächtig unter Zeitdruck stehen, wird er nervös. Dass ich eingeschlafen bin, reizt ihn zusätzlich, denn er gibt mir die Schuld daran, dass wir uns verfahren haben. Plötzlich droht er mir Prügel an, will mich aus dem Wagen werfen, brüllt und zetert. Bevor die Situation eskaliert, kann ich ihn beruhigen.
 Später, als wir wieder in der Redaktion sind, stellt er seine Version hinter meinem Rücken dem Chef dar. Doch der hat Heinz längst durchschaut und gibt dem Rechten kein Recht. Das ist das Ende für den Hannoveraner, er muss gehen. Heinz

versuchte sich in der Folgezeit noch als Kameramann fürs Fernsehen, scheiterte aber auch hier. Ich habe ihn noch ein paar Mal in einem Trabi durch Berlin fahren sehen. Gut möglich, dass er sich aus Verzweiflung wieder den rechten Kreisen angeschlossen hat. Ich will es nicht hoffen.

Du musst ihnen auf die Füße treten

Tom, der ehemalige Redaktionsleiter, hatte mir beim Einstellungsgespräch einen Vertrag zugesichert. Zwar könne er im Moment nicht mit einer freien Planstelle dienen, aber bis dahin könne ich als fester, freier Mitarbeiter bei der B.Z. tätig sein. Um an einen festen Vertrag zu kommen, habe ich sämtliche Unbilden des Jobs in Berlin ertragen: die Drogensucht von Kollegen, den Alkoholismus eines weiteren Kollegen, den cholerischen Holger und den rechtsradikalen Heinz. Jetzt, gegen Ende 1996, sind einige Planstellen frei bei der B.Z. Ich unterhalte mich mit Tom am Telefon darüber. Da sagt er: »Du musst ihnen beim Verlag auf die Füße treten, sonst wird das nichts.«

Wieder tritt zutage, was im deutschen Journalismus gang und gäbe ist: Menschen werden missbraucht sowie ihre Arbeitskraft und ihr Vertrauen. Am sozialen Wohlergehen der Mitarbeiter hat hier niemand Interesse. Versprechen seitens des Hauses sind nicht mehr als Schall und Rauch. Verantwortung für andere kennt man hier nicht.

In diesem Moment denke ich, daß ich niemandem auf die Füße getreten bin, denn der Vertrag war Bestandteil meiner Einwilligung in die freie Mitarbeit, also hat der Verlag auf mich zuzukommen, nicht ich auf ihn. Enttäuscht wende ich mich von der Zeitung ab, und richte meinen Fokus auf das Fernsehen. Eines Tages kommt ein gewisser Andreas auf mich zu, den ich bei unterschiedlichen Terminen bereits getroffen hatte. Er arbeitet für eine TV-Produktion, die RTL mit frischen Bildern und Nachrichten aus ganz Deutschland versorgt. Ich mache den

Schritt und wechsle über, ohne zu wissen, dass auch das deutsche Fernsehen nicht besser ist als es die Zeitungen sind.

IX.
So wird TV gemacht

Nachrichtenbilder von der Straße

Spätestens seit dem Ende der 1980-er Jahre, als die ersten TV-Privatsender in Deutschland auf Sendung gingen, sind sie nicht mehr wegzudenken: Männer und Frauen mit einer TV-Kamera auf der Schulter, die bei größeren Unfällen, wichtigen Veranstaltungen oder katastrophalen Ereignissen auftauchen. Es sind in vielen Fällen Mitarbeiter privater Fernsehproduzenten, die ihre Bilder im Auftrag der Sender drehen oder sie auf dem freien Markt anbieten. Denn kaum noch ein Sender dreht seine Bilder, die er in Magazinen und Nachrichten zeigt, selber. Das wäre aus Sicht der Finanzstrategen in den Häusern viel zu teuer. Vorteilhafter ist es, zum Angebot der TV-Produzenten zu greifen. Dabei fallen keine Sozialkosten an, da gibt es keine Mitarbeiter, die irgendwelche persönlichen Rechte gegenüber dem Sender haben. So bedienen sich auch private Fernsehkanäle und die staatlichen Rundfunkanstalten der asozialen und arbeitnehmerfeindlichen Instrumentarien des ungezügelten Kapitalismus, gegen die niemand in Deutschland ernsthaft einschreitet. Die privaten Produzenten arbeiten meist mit Dumpingpreisen, um die Konkurrenz auszustechen. Diese niedrigen Preise für ihr Filmmaterial können sie nur dadurch halten, indem sie ihre Mitarbeiter exzessiv schlecht bezahlen. Nicht wenige dieser Journalisten, von denen die Bevölkerung glaubt, sie würden stattliche Gehälter beziehen, bewegen sich am Rande des Existenzminimums. Auch das gehört im übrigen in diesem Land zur Wirklichkeit dieser Tage. Deutschlands Gerichtsvollzieher könnten, wenn sie es denn dürften, ein Lied davon singen, wie viele Journalisten aus Armut bereits eine eidesstattliche Versicherung abgegeben haben.

RTC-TV-News heißt die Hamburger Firma, für die ich inzwischen arbeite. Im Grunde unterscheidet sich die Tätigkeit im Vergleich zu der bei der Zeitung kaum. Allerdings ist Schnelligkeit beim Fernsehen noch stärker gefragt als bei den Printmedien. Und auch der Konkurrenzkampf vor Ort ist härter als unter den schreibenden Kollegen; geht es manchmal bis an die Grenzen der körperlichen Gewalt. Täglich sind wir in Berlin unterwegs, um Unfälle, Morde, Politikerbesuche, Pressekonferenzen zu den unterschiedlichsten Themen und Wetterbilder aufzunehmen. Auch Aufträge der Sender, meist von RTL, kommen hinzu. Das Ganze bedeutet in erster Linie Stress, denn der große Unterschied zur Zeitung ist der, dass ich nicht im nachhinein aufschreiben kann, was geschehen ist. Fernsehen muss vor Ort sein, wenn sich die Dinge ereignen. Bilder vom Geschehen nach dem Geschehen sind naturgemäß nicht möglich.

So kommt es, dass ich immer häufiger auch nachts unterwegs bin, um die Deutschen mit Nachrichten aus Berlin zu versorgen. Dennoch macht die Arbeit Spaß und gibt mir einen neuen Einblick in das Zusammenspiel von ausgefeilter Technik und Redaktion, die beide beim TV ohne einander nicht auskommen. Kaum jemand kann sich z. B. vorstellen, dass hinter einer gesendeten Minute im Fernsehen ca. eine Stunde konzentrierter Arbeit steckt. Demnach haben die berühmten Nachrichtenstücke von 1'30 (eine Minute, dreißig Sekunden) Länge immerhin anderthalb Stunden beim Dreh in Anspruch genommen. Das Texten und Schneiden im Sender kostet ebenfalls noch einmal eine Stunde Arbeit, so dass zweieinhalb Stunden Aufwand für die wenigen Sekunden völlig normal sind.

RTC kommt nach Berlin

Mit RTC und dessen Gründer Walter Weber, der inzwischen verstorben ist, kommt im Jahr 1996 eine Firma auf den Berliner Markt der TV-Produzenten, deren Gründer sein Handwerk in den USA gelernt hat. Der ehemalige Chefredakteur der

Hamburger Morgenpost hat durch die Heirat mit Renate einige Millionen Mark gemacht und kann sich RTC sozusagen als Hobby leisten. Walter ist ein angenehmer Mensch der leisen Töne. Als wir uns zum ersten Mal in einem Restaurant in der Kochstraße treffen, bietet er mir sofort das »Du« an – ein sympathischer Mann, der das Privileg genießt, in Berlin im eigenen Hotel wohnen zu können. Zu Hause in Hamburg, das er niemals für längere Zeit verlassen will, lebt er in einem Prachtanwesen in allerbester Wohnlage. Trotzdem ist er bescheiden, trägt normale Kleidung und scheut sich auch nicht, ab und zu eine Currywurst auf der Straße zu essen. Denn der Mann weiß, was es heißt, arm zu sein. So wie er nun in den feinsten und teuersten Häusern ein- und ausgehen kann, hat er auch schon in den USA auf der Straße gelebt. Kaum etwas ist ihm fremd in dieser Welt, auch das macht ihn für mich so interessant und erfreulich.

An technischer Ausstattung fehlt in unserem Studio in der Voltastraße in Wedding, wo auch heute noch der Fernsehdienst der Deutschen Welle, dem staatlichen deutschen Auslandssender, residiert, rein gar nichts. TV-Monitore, Computer und vor allem Kameras für mehrere hunderttausend Mark sind unser tägliches Handwerkszeug. Telefonkosten spielen keine Rolle, Leihwagen ebenso wenig. Voller Elan machen wir uns an die Arbeit, sind bei größeren Unfällen, Verbrechen, aber auch gesellschaftlichen Ereignissen mit der Kamera dabei: zu Silvester am Brandenburger Tor, am Flughafen Tegel bei einem Besuch von »Fergie«, der umstrittenen Rothaarigen aus dem britischen Königshaus oder auch bei einem Zugunglück in Brandenburg, wo wir Bilder von einem Hubschrauber aus drehen. Mich fasziniert das Zusammenspiel von Technik und Redaktion, ich lerne die Kolleginnen und Kollegen der verschiedenen, in Berlin vertretenen Sender kennen. Chef meiner Redaktion ist ein Zeitungsjournalist aus der ehemaligen DDR – ein Mann aus Thüringen, der bislang das Vogtland journalistisch bearbeitet hat.

Andreas hat sich hohe Ziele gesetzt. Unterstützt von den Hamburgern, können er und wir uns frei in Berlin entfalten.

Das ist ein wunderbares Arbeiten bis Andreas plötzlich abdreht und die Realität nicht mehr sieht. Er beginnt, wie viele Journalisten in seiner Position, plötzlich mit manischem Gerede, sieht Verschwörungen gegen sich und rastet schließlich bei jeder Kleinigkeit aus.

Ich will den Markt!

Andreas ist ein ehemaliger NVA-Mann, der nach eigenem Bekunden in irgendeiner Spezialtruppe gedient hat. Man merkt ihm schnell an: Er ist noch immer stolz darauf und kann den Niedergang der DDR nicht recht verwinden. Irgendwie versucht er, im neuen Leben zurechtzukommen, aber irgendwie scheint ihm das nicht immer so wie gewünscht zu gelingen. »Nach oben buckeln, nach unten treten« lautet seine Devise, die allerdings bei den Chefs in Norddeutschland nicht ankommt.

Fast jeden Morgen hält mir Andreas im Büro eine Predigt darüber, wie er sich die Zukunft in Berlin vorstellt. »Ich will den Markt!« stößt er irgendwann hervor. Jedoch nicht überzeugend, eher so, als habe er diesen Spruch mal in irgendeiner Werbung gehört. Ihm fehlt die richtige Betonung, die Entschlossenheit eines im Kapitalismus Westdeutschlands groß gewordenen Mannes. Bei ihm hören sich diese Worte inhaltslos an, wie auswendig gelernt.

Doch Andreas fährt weiter fort, über Journalismus, Politik, Märkte, Militär und Philosophie zu reden. Er marschiert gemessenen Schrittes durch das Büro, eine Hand steckt in der Hosentasche, die andere fuchtelt zur Unterstreichung seiner Worte in der Luft herum. Ich lasse ihm seinen Spaß und halte ihn zunächst für einen harmlosen Phantasten. Eines Tages allerdings beginnt er, boshaft zu werden.

Das Handy verrät's

Es ist schon spät am Abend, als in meiner Wohnung plötzlich das Handy klingelt. Nichts Gutes ahnend, melde ich mich. Am anderen Ende ist Alex, ein Funkhörer in der Hauptstadt, mit einer aufregenden Nachricht. In Berlin läuft ein Einsatz der Polizei mit Spezialkräften, Leuten vom SEK. Diese Spezialisten sind genauso ausgebildet wie die legendäre GSG 9 und kommen immer dann zum Einsatz, wenn es um schwere Verbrechen wie Geiselnahmen, Entführungen, Terrorismus oder sehr gefährliche Bedrohungen geht. Also muss etwas von besonderer Art vorliegen. Schnell mache ich mich telefonisch bei der Pressestelle der Polizei kundig und kann mir ein Bild von der Lage machen. In Hohenschönhausen, im ehemaligen Ostteil der Stadt, haben Mitglieder zweier konkurrierender Mafia-Banden aufeinander geschossen. Es gibt zwei Tote. Der Grund für die Schießerei sind Kämpfe um Verkaufsgebiete für geschmuggelte Zigaretten.

Kurz darauf klingelt wieder das Handy. Am anderen Ende ist Andreas, doch sein Telefon funktioniert nicht richtig. Er kann mich nicht hören, ich aber ihn. Als ich mich seiner Meinung nach nicht melde, beginnt er nach allen Regeln der militärischen Kunst zu fluchen. »Blöde Sau, melde dich!« schreit er in den Hörer. »Penner, was ist mit deinem Handy los?!« Auf die Idee, dass der Fehler in seinem Apparat zu suchen sein könnte, kommt er schlicht nicht. Ähnlich wie St. in Stuttgart bei der BILD, glaubt auch Andreas, daß eine Redaktion das gleiche sei wie eine Kaserne, und dass die Kollegen keine Journalisten, sondern NVA-Soldaten seien. Jedenfalls benimmt er sich wie der Prototyp eines »Komißkopfes«, der glaubt, nur durch Brüllen und Beleidigen etwas erreichen zu können.

Ich erwähne am nächsten Tag nichts von der Sache mit dem Telefon. Er auch nicht. Und so finde ich es gar nicht schlecht, dieses Ass im Ärmel zu haben. Denn wenige Tage später ereignet sich die Fortsetzung von Andreas' Auftritt. Wieder brüllt, schimpft und tobt er am Telefon, weil er mich nicht hören kann. Auch einem Kameramann gegenüber verhält Andreas sich immer unmenschlicher. Mir erzählt er, bei M. würde der Gerichtsvollzieher ein- und ausgehen, M. würde die Firma betrügen und sei – wie schrecklich – obendrein auch noch schwul. Irgendwann spielt Andreas den Freund und sagt mir hinter vorgehaltener Hand: »Ich habe gehört, du würdest spielen, stimmt das?« Lachend verneine ich, ärgere mich aber insgeheim. Diese plumpe Tour zieht bei mir nicht, und Andreas wird Opfer seiner eigenen Intrigenspielereien, die er auch über seine Freundin, die inzwischen bei der B.Z. arbeitet, betreibt.

Der stellvertretene Chefredakteur guckt sich das Spiel nicht länger mit an und schickt Andreas einen bitterbösen Brief. Als auch der nicht fruchtet, folgt der Rausschmiss.

Andreas will wieder zurück ins Vogtland, um dort bei einer Zeitung zu arbeiten. Ich persönlich kündige meinen Job bei RTC und gehe wieder zurück nach Nordrhein-Westfalen. Dort, in Köln, habe ich neue Arbeit gefunden. Durch die guten Kontakte zu den Kollegen im RTL-Studio Berlin habe ich von einer freien Stelle im Mutterhaus des Senders gehört und mich beworben. Zu Beginn des Jahres 1997 verlasse ich Berlin, um bei RTL in der Redaktion des Mittagsjournals »Punkt 12« anzufangen.

X.
Hier wird in Bildern gedacht

Einer liest die Agenturen

Köln, Aachener Straße 1036: Hier ist der Sitz eines Privatsenders, der gegen Ende der 1980-er Jahre auf den deutschen Bildschirmen als »Schmuddelsender« mit Namen RTLplus auftauchte. Sein Programm: Nackte, Softpornos und Aufklärungstalk a'la Dr. Sommer von der Bravo mit Erika, und »Tutti Frutti« mit Hugo Egon Balder, also ein einfältiges Niveau, nach Meinung der Verantwortlichen für den einfachen Zuschauer in Deutschland wie maßgeschneidert. Und tatsächlich hat der Gossensender Erfolg. Sein erster Chefredakteur Volker Kösters (übrigens ein Sohn des ehemaligen Chefs der NRZ-Lokalredaktion Essen) wirft nach weniger als zwei Jahren Dienst das Handtuch. RTL gilt inzwischen nicht mehr als Pay-TV und ist in allen Haushalten über Antenne zu empfangen. Mit der Entwicklung des Kabelfernsehens schlägt in Deutschland schließlich für die Luxemburger und ihre privaten Konkurrenten die Stunde. Sie stehen zumindest sendetechnisch mit den öffentlich-rechtlichen Sendern von ARD und ZDF in einer Reihe. Langsam beginnt auch das Programm, Formen von Nachrichten und Magazinsendungen zu gewinnen. RTL wird zu einem der stärksten Fernsehsender in Deutschland – geführt von einer österreichischen Troika, die heute noch immer am Ruder ist; zwar personell, aber nicht von der Staatsangehörigkeit her verändert.

RTL kommt den zumeist jungen Zuschauern in Deutschland frech, offen, bunt und quirlig daher. Im Gegensatz zu den konservativen staatlichen Sendern bedeutet das eine Befreiung in Sachen TV. Endlich bekommen die Deutschen mal keine staatstragenden Nachrichten serviert, haben die Moderatoren, die bei den öffentlich-rechtlichen Anstalten »Nachrichtensprecher« genannt werden, keinen Schauspielunterricht genossen (das war früher Voraussetzung, um Nachrichtensprecher im deutschen Fernsehen zu werden). Hier bei RTL sind nach außen hin alle natürlich und nett. Die Moderatoren scherzen untereinander sogar am Ende der Sendung.

Sendeformate wie »der heiße Stuhl« oder »Frühstücksfernsehen« gewinnen immer mehr Zuschauer. Das Programm läuft irgendwann 24 Stunden lang, der Fokus liegt dabei auf Action.

Zu den absoluten Quotenbringern bei RTL gehört das Mittagsjournal »Punkt 12«. Hier schlage ich als Redakteur Anfang 1997 meine beruflichen Zelte auf.

Milena Preradovic ist ein echtes Kind aus dem Ruhrgebiet. Forsch und immer geradeheraus mit der Sprache, ist sie der »Ancor«, der Aufhänger, das stets wiederkehrende Gesicht der RTL-Mittagssendung. Die Tochter eines serbischen Arztes aus Gelsenkirchen gilt als Quotenkönigin. Als ich Mitglied ihrer Redaktion werde, ist sie auf dem Höhepunkt ihrer Karriere bei dem Kölner Sender. Doch bevor ich mich Kollege von ihr nennen darf, muss ich zunächst einmal eine Testwoche beim Sender überstehen – ohne Bezahlung!

Damit wollen die Verantwortlichen bei RTL testen, ob ein Redakteur für ihr Haus tauglich ist (und nicht nur dort, mittlerweile lassen sich fast alle Sender dazu herab, Kolleginnen und Kollegen erst einmal auszunutzen, um anschließend über ihr weiteres berufliches Schicksal zu entscheiden. Das ist vergleichbar mit den Geschäftsbedingungen auf den Sklavenmärkten von Nordamerika. Auch hier hatte der Käufer teilweise das Recht, den Sklaven nach einer Testphase wieder beim Händler zurückzugeben oder umzutauschen.) Wer sich in der Testwoche befindet, muss ganz normale Redakteurarbeit leisten, d.h. Stücke für die Sendung produzieren, Texte schreiben, den Nachrichtenblock in Bild und Schrift herstellen – eine hektische, nervenraubende Arbeit, bei der alle absolut unter Strom stehen. Grund dafür ist nicht nur die kurze Vorbereitungszeit von vier

Stunden zur Live-Sendung, sondern auch das Vorgehen von Milena, die mit eiserner Hand in der Redaktion regiert, obgleich sie gar nicht die Redaktionsleitung innehat. Dennoch setzt sie sich mit ihrer burschikosen Art immer wieder durch.

»Wer liest die Agenturen?« ist eine ihrer Lieblings-Arbeitsanweisungen. Jeder kommt irgendwann einmal an die Reihe, die Agenturen zu lesen. Dazu gibt es über unsere Redaktionscomputer spezielle Zugänge zu den Nachrichtenagenturen DPA (Deutsche Presse Agentur), AFP (staatliche franz. Nachrichtenagentur), AP (Associated Press, US-Nachrichtenagentur) und Reuters (sehr gute britische Nachrichtenagentur). Alle Agenturen berichten international, so dass auf unsere Computer Meldungen von den unterschiedlichen Agenturen zu ein und demselben Ereignis einlaufen. So können wir beim Vergleich der Meldungen die Kernpunkte des jeweiligen Ereignisses herausfiltern. Der Agenturbeobachter in der Redaktion sitzt während der Sendung unbeirrbar vor dem Monitor seines Computers. Taucht eine interessante Meldung auf (Bombenanschlag oder Flugzeugabsturz zum Beispiel), meldet er sich direkt im Studio. Wenige Sekunden später erfahren die Zuschauer dann durch Milena von den neuesten Weltnachrichten.

Wenn der Agenturbeobachter einmal eine Meldung vergisst oder sie einfach nicht sieht, geht das südländische Temperament mit Milena durch. Mit rotem Kopf und schneidender Stimme schreit sie dann in der Redaktion herum. Unfähig, auch nur einen ihrer cholerischen Anfälle zu verstehen, lassen wir dann das Gewitter über uns ergehen.

Deti ist ein feiner Mensch

Milena hat es mit ihren Eskapaden sogar geschafft, so berichten mir eines Tages Kollegen, dass ihr Redaktionsleiter schwer am Herzen erkrankte und über Monate hinweg pausieren musste. Jetzt ist er zwar noch Redaktionsleiter von »Punkt 12«, gehört allerdings zur Chefredaktion von RTL. In unserem Redaktionsbüro lässt er sich wohlweislich kaum blicken. Deti, so der Spitzname des Kollegen, stand irgendwann einmal am Kopierer, als er mit Milena in Streit geriet. Worum es bei dem Streit ging, kann heute keiner mehr genau sagen. Tatsache ist allerdings, dass Deti nach zwei, drei Minuten plötzlich die Augen verdrehte und zusammenbrach. Ein Notarzt konnte ihn noch rechtzeitig in eine Kölner Klinik bringen. Wenige Minuten später wäre jeder Hilfe für Deti umsonst gewesen.

Ich lerne ihn wenige Tage nach meiner nicht bezahlten Probezeit kennen und finde ihn auf Anhieb sehr sympathisch. Das scheint auf Gegenseitigkeit zu beruhen, denn schon nach wenigen Minuten herrscht zwischen uns ein freundschaftlicher Ton. Durch seine Krankheit weiß Deti, dass es wichtig ist, im Leben auf das Wesentliche zu achten und dass die scheinbar so wichtigen Dinge wie Neid oder Konkurrenz völlig ohne Belang sind. Er nimmt sich nach seinem Infarkt mehr Zeit für Gespräche, mehr Zeit für seine Frau (die ebenfalls bei RTL arbeitet) und mehr Zeit für die Mitarbeiter seiner Redaktion. In der Mittagspause kann man ohne weiteres in sein Büro kommen, um einfach nur locker zu reden. Der Mann ist einfühlsam und gerecht. Seine Entscheidungen sind keine Herrschaftsgesten, sondern wohlüberlegte Handlungen. Es gefällt mir, bei ihm arbeiten zu können. Deti ist ein feiner Mensch im wahrsten Sinne des Wortes – ein verständnisvoller Mann, wie man ihn in der Branche kaum findet.

Doch er hat auch Feinde im Hause. Feinde, die glauben, seine Gutheit sei Dummheit.

Punkt 12, Schulze

Im Großraumbüro auf der ersten Etage des Senders an der Aachener Straße liegen die Redaktionen der Sendungen »Punkt 6« und »Punkt 12« zusammen. Wer das Büro durch die gläserne Eingangstür verlässt, kommt direkt an der Redaktion

»Exklusiv« vorüber, wo Frauke Ludowig und ihre Leute das RTL-Star-Magazin produzieren. Geradeaus sitzen Peter Klöppel und die übrige Mannschaft von »RTL aktuell« in einem Großraumbüro. Rechts um die Ecke befindet sich die sogenannte »MAZ-Straße«. Dort liegen die Schnittplätze, Räume, in denen die Redakteure zusammen mit den Cuttern einen Beitrag, bzw. ein Stück fertigstellen. Daneben der Schaltraum, wo die Bilder aus den einzelnen RTL-Studios in Deutschland und die Bilder der Nachrichtenagenturen über Satellit empfangen werden, damit sie in die nächste aktuelle Sendung eingebaut werden können. Wer den Gang weiter hinuntergeht, gelangt nach rechts zu den Redaktionsräumen von »Explosiv«, das damals noch von Barbara Eligmann moderiert wird, und links zum Archiv des Senders, wo es jeden Freitag ab 16 Uhr ein Fass Kölsch gibt, um das Wochenende einzuläuten.

Ich bin als Planer und News-Redakteur der Sendung eingeteilt und habe zusammen mit zwei weiteren Kollegen dafür zu sorgen, dass genug Themen für die Sendungen vorhanden sind, die Themen-Mischung stimmt und der Kurznachrichtenblock thematisch ausgewählt, geschnitten und vertont wird. Das erfordert eine Menge Feinabstimmung mit den anderen Redaktionen im Hause, denn nichts wäre schlimmer, wenn die gleichen Bilder in »Punkt 12« und z. B. den Hauptnachrichten laufen würden. Hinzu kommen zahlreiche Konferenzen und Themenabsprachen mit den Außenstudios. Unter Milena hat die Sendung ein völlig anderes Gesicht als heute. Täglich haben wir dafür zu sorgen, dass brandaktuelle Themen mit einem Stück oder einer Live-Schalte zu einem Experten gesendet werden. Zudem müssen wir in der damals noch halbstündigen Sendung täglich einen Studiogast unterbringen. Auch wenn das eine zusätzliche Belastung ist, macht das Reagieren auf das aktuelle Geschehen in Deutschland und der Welt Spaß, und bedeutet für mich eine Herausforderung. Die Einschaltquoten beweisen es uns: »Punkt 12« liegt teilweise bei über 30 Prozent Marktanteil. Schon nach wenigen Wochen bin ich im Sender bekannt, und werde von den Kollegen und Kolleginnen aus dem

Haus und den Außenstudios scherzhaft »Punkt 12, Schulze« genannt, weil ich mich so immer am Telefon melde.

Die Sendung feiert unter der thematischen Leitung von Milena Preradovic einen Erfolg nach dem anderen und ist bald Deutschlands beliebtestes TV-Magazin. Das steigert natürlich nicht nur den Marktwert der Sendung, wonach der Preis für die Werbeminute berechnet wird, sondern auch den der Moderatorin. Da ist es nicht verwunderlich, dass in diesen Wochen der stärkste Konkurrent von RTL, SAT.1, bei Milena anklopft. In den folgenden Tagen beginnen Geheimverhandlungen, in denen es um Unmengen von Geld geht. Ich habe nie herausgefunden, was SAT.1 Milena in absoluten Zahlen geboten hat. Doch in der Branche spricht man davon, dass der Mainzer Sender ihr RTL-Gehalt, das auch schon fürstlich war, noch einmal um fünfzig Prozent aufgestockt haben soll.

Einige Wochen später erfahren wir von Milenas geplantem Weggang Milenas nach Berlin. Sie verabschiedet sich aus Köln mit einem wunderbaren Fest, das ihr damaliger Ehemann Michael Karr und sie organisiert haben.

Dann machst es eben allein

Doch bevor Milena ihre Zelte am Rhein endgültig abbricht, soll sie den neuen Redaktionsleiter einarbeiten – eine Tätigkeit, die der blonden Top-Journalistin, die bei Antenne Bayern in München ihre Karriere begann, nur ungern ausübt. Immer wieder geraten die impulsive Moderatorin und der stille, introvertierte Patrick Z. aneinander. Z., Ziehkind eines Mitglieds der Chefredaktion, kommt aus der Redaktion »Nachtjournal«, wo er unter Heiner Bremer dann und wann den Aushilfs-Moderator spielen durfte. Patrick, gerade mal über dreißig Jahre alt, kommt aus Bayern und gilt im Hause als Musterknabe. Stets trägt er nicht gerade modische, aber korrekt sitzende Anzüge und ist zu jedermann freundlich. Sein Problem ist, dass er sich sich gegenüber Milena nicht durchsetzen kann. Er sollte es jedoch können, wenn er nicht schon nach wenigen Tagen als neuer Redaktionsleiter in den Augen seiner Untergebenen als Null abgestempelt werden will.

Ich erinnere mich an eine im Grunde belanglose Diskussion zwischen ihm und Preradovic. Z. will einen bestimmten Studiogast, Milena nicht. Z. versucht es auf die kollegiale Tour und kommt nicht durch. Er bekommt einen roten Kopf vor Wut, bleibt aber äußerlich ruhig, während Preradovic schimpft wie ein Rohrspatz. Schließlich mimt Z. den Autoritären und sagt zur Moderatorin: »Ich bin auch dein Chef, und wir machen die Sache so wie ich will – weil ich es so will!« Statt Gehorsam erntet Z. nur höhnisches Gelächter bei Milena. Sie weiß, dass sie in wenigen Tagen nicht mehr in Köln sein wird. Sie lässt sich nichts von einem Hilfsmoderator erzählen und hat einen Höllenspaß daran, Z. auflaufen zu lassen. Schließlich sagt sie rund eine Stunde vor der Sendung: »Du kannst dich gleich selber vor die Kamera setzen. Ich mache da nicht mit, ohne mich.« Z. muss zurückziehen, erleidet im Kampf um die Führung eine bittere Niederlage. Schweigend vollzieht er, was Milena will, und macht sich dadurch vor allen Kollegen zum Idioten.

Damit ist der Mann mit dem Stigma der Inkompetenz behaftet – jener Mann, der den Eindruck eines Musterschülers macht, (was er mit Sicherheit auch war) der immer auf seine Eltern hört und älteren Herrschaften in der Straßenbahn seinen Platz anbietet, doch all das reicht nicht, um in einem Sender wie RTL als Redaktionsleiter bestehen zu können. Für Z. wird die tägliche Arbeit in der Redaktion zum Trauma. Innerlich sehnt er den Tag herbei, an dem Milena das Haus in Richtung Berlin verlässt. Als es endlich soweit ist, bekommt selbst sein milchiges Gesicht etwas Farbe.

Knackarsch und S-Fehler

Die Gastwirtstochter aus dem Westerwald hat eine Bilderbuchkarriere hinter sich, die nicht nur auf fachlicher Qualifikation beruhen kann. Sicherlich haben auch ihr langes blondes Haar (das gefärbt ist, wie sie später selber einmal sagen wird) und ihre gute Figur dazu beigetragen, dass sie das Interesse einiger hoher Herren im Hause geweckt hat. Obwohl Katja B. irgendwann einmal bei der DPA und im Essener Außenstudio von RTL gearbeitet hat, gilt sie keineswegs als Nachfolgerin von Milena in den Augen Kollegen aus der Redaktion von »Punkt 12«. Der Flurfunk funktioniert gut, und so bekomme ich mit, wie eine Kollegin der ersten Stunde von RTL sagt: »Wie kann denn so eine auf dem Bildschirm erscheinen. Die lispelt und sitzt vor der Kamera, als hätte sie einen Stock verschluckt. Dafür ist sie hochnäsig. Aber man muss ja nur die richtigen Leute kennen, dann klappt das schon mit der Karriere.« Ein anderer sagt: »Na, mit der werdet ihr noch euren Spaß haben.«

Katja begegnen Misstrauen und Kälte in der Redaktion. Anfangs hat sie nur mit Z. guten Kontakt. Er nennt sie »Süße«, »Schätzchen« und »Prinzessin«. Ähnlich wie Irina bei der BILD gibt auch Katja in einer der morgendlichen oder mittäglichen Konferenzen eine ungewollte Rolle als ungebildete Journalistin. Wieder geht es um einen Prozess, wieder ist es eine zivilrechtliche Angelegenheit. Und genau wie die Kollegin bei der BILD sagt Katja: »Wieso fragen die vom Außenstudio nicht mal den Staatsanwalt?« Also auch hier schlechte Allgemeinbildung in Verbindung mit Staralllüren. Das ergibt eine lächerliche Mischung und macht Katja in diesem Moment zu dem, was sie auf keinen Fall sein will: ein dummes Blondchen, das einfach nur daherplappert.

Anders als Milena geht die neue Moderatorin nicht einmal mit in die Kantine des Hauses, die aus ihrer Sicht sicherlich ein Ort des niederen Volkes ist. Ein Star (wie sorglos mit diesem Begriff in Deutschland umgegangen wird, greife ich an anderer Stelle des Buches noch auf) hat es nicht nötig, sich derart herabzulassen.

Statt dessen bleibt Katja in der Pause regelmäßig in der Redaktion, löffelt eine Schlankmacher-Suppe und redet gern über ihre Yoga-Übungen. Das braune Gebräu im Teller von

Frau B. nennt ein Kollege gern Ursuppe. Überhaupt hält sich Katja B. sehr von den Kollegen zurück. Unterstützt von den nervösen und wenig qualifizierten Patrick Z. hangelt sie sich von Sendung zu Sendung. Anfangs sinken sogar die Zuschauerquoten, pendeln sich dann aber wieder ein. Allerdings auf einem ganz anderen Niveau, als wir es von einer Sendung gewöhnt waren, die Milena moderierte. Ein wesentlicher Faktor, der dazu beiträgt, ist die mangelnde Professionalität, die fehlende Lockerheit von Katja. Sie schafft es nicht, völlig unverkrampft im Studio zu sitzen, stellt keine harten Fragen, verspricht sich häufig und grinst mitunter derart linkisch in die Kamera, dass es einem graust. Trotzdem wir sie in den Konferenzen direkt nach der Sendung immer wieder darauf ansprechen, ändert sich im Grunde nichts.

Hallo, Herr Mahr

Vielleicht muss Katja ja gar nichts an ihrem Moderationsstil ändern, auch wenn er uns und den Zuschauern nicht recht gefällt. Diese Meinungen sind bei der »Prinzessin« offensichtlich nicht gefragt. Was zählt, ist die Meinung eines ganz anderen, nämlich des Chefs. Hans Mahr, eine smarte, nicht unangenehme Erscheinung, kommt jetzt viel häufiger als früher in die 12.30-Uhr-Konferenz, in der die gelaufenen Stücke besprochen, die Leistung der Moderatorin bewertet und der Themenausblick auf den nächsten Tag diskutiert werden. Danach ist erst einmal Mittagspause. Anschließend werden die Themen für den kommenden Tag recherchiert, Stücke in den Außenstudios bestellt.

Wenn Hans Mahr zur Konferenz unser Großraumbüro betritt, wo die Mannschaft stehend einen Kreis gebildet hat, in deren Mitte Katja und Patrick Z. an ihren gegenüber liegenden Schreibtischen sitzen, wird er jedes Mal mit einer Art Kurzritual durch Katja B. begrüßt. »Hallo, Herr Mahr!« heißt es dann aus ihrem Munde. Mir fällt auf, dass diese Begrüßung einen seltsamen Unterton hat, nicht spontan klingt. Sie klingt gespielt, nicht echt. Der Chefredakteur lobhudelt Katja auffallend häufig und intensiv. Die Rede ist von immer mehr Sicherheit beim Präsentieren der Sendung und von gekonnter Moderation. Der Mann scheint die Sache aus einer ganz anderen Sicht zu betrachten. Mehr als ein halbes Jahr soll ich nicht wissen, warum das so ist, dann erfahre ich es.

Schon seit Monaten mutmaßt der Flurfunk, dass zwischen Herrn Mahr und Frau B. etwas laufe, dass mehr sei als ein Arbeitsverhältnis. Mehr oder weniger geschickt kaschiere das Paar seine innigliche Verbindung im Hause RTL – mehr von Mahr, weniger von Katja. Sie ist es auch, die den folgenschweren Fehler macht, durch den alles auffliegt und wenige Wochen später die Öffentlichkeit durch »Bunte«, BILD und andere niveaulose Blätter von der Verbindung Katja-Mahr erfährt.

Einer Kollegin in der Redaktion gibt Katja kurz vor ihrem Sommerurlaub eine Handynummer: »Im Notfall bin ich über diese Nummer zu erreichen«, sagt sie, wünscht allen schöne Ferien und verabschiedet sich in den Urlaub. Eigentlich läuft alles wie immer, wenn da nicht der Kollege gewesen wäre. Der nämlich hat eine dringende Frage zur Sendung und muss Katja unbedingt erreichen. Warum dann nicht die Handynummer wählen, die sie für solche Fälle gegeben hat? Gesagt, getan! Doch statt die Stimme der Moderatorin am anderen Ende der Leitung zu hören, vernimmt der Kollege die seines höchsten Chefs Hans Mahr. Völlig verdattert legt er wieder auf. Jetzt ist es raus! Katja B. und der Alte sind ein Paar. Das wird sofort an befreundete Journalisten bestimmter Blätter durchgekabelt, da sich mit einer solchen brisanten Information doch locker ein kleines Sümmchen verdienen läßt.

Immerhin hat die Wahrheit in diesem Fall von Mahr und Katja geschickt verhüllt, jedoch nicht clever genug auch etwas für sich. Die beiden Turteltäubchen müssen nicht mehr aus Gründen der Tarnung von unterschiedlichen Flughäfen aus das gemeinsame Urlaubsziel anfliegen, sie können sich zusammen in der Öffentlichkeit blicken lassen und präsentieren einige

Jahre später den Deutschen (soweit diese Interesse haben) ihr erstes gemeinsames Kind, ein Mädchen.

Das bringt für Katja B., der falschen Blonden vom Mittagsjournal, ungeahnte berufliche Möglichkeiten mit sich. Plötzlich darf sie die RTL-Sendungen zu den Bundestagswahlen an der Seite von Peter Klöppel moderieren und redet den Zuschauern bei der Beerdigung von Queen Mum in London die Ohren voll. Zahlreiche andere Frauen und Männer, die weitaus besser qualifiziert sind als Katja B., bekommen nie eine Chance. Bei einem Bier in einer Kölner Kneipe bringt es ein Kollege auf den Punkt: »Wir haben eben keine Titten«, meint er. Noch heute moderiert Katja B. das RTL-Mittagsjournal und ist inzwischen zum Markenzeichen einer Sendung geworden, die sich kaum noch mit Realitäten, dafür aber umso mehr mit Luftschlössern wie »Deutschland sucht den Superstar«, »Was mache ich, wenn er mit der Verflossenen zu Besuch kommt« oder »Die ausgeflipptesten Weihnachtsgeschenke« befasst. Die Sendung ist vollständig auf Sensationsmacherei getrimmt, lediglich der kurze Nachrichtenblock bringt noch einen Abklatsch dessen, was in Deutschland in der Zeit bis zwölf Uhr mittags geschehen ist. Ansonsten bekommen die Zuschauer solchen Schwachsinn wie »Besser Leben mit Punkt 12«, »VIP-News« (die eigentlich in den Bereich des Star-Magazins »Exklusiv« gehören) oder putzige Tiere aufgetischt. Da nimmt es nicht wunder, dass immer mehr TV-Zuschauer auf die solideren Mittagmagazine der öffentlich-rechtlichen Sender umschalten. RTL möchte ganz offensichtlich keine direkten Informationen weitergeben, sondern die deutschen Zuschauer auf eine gewisse Weise mit schlechter seichter Unterhaltung einer Gehirnwäsche unterziehen und auf andere Weise dafür sorgen, dass wirklich interessante Vorgänge, wie die zweifelhafte Darstellung des offiziellen Amerika über die Vorgänge am 11. September 2001, kein Eingang in die Meinungsfindung der Bevölkerung gewährt wird. »Brot und Spiele« nannten das die Römer. Ein fürwahr genialer Zug der Machthaber, um das Volk dumm und ruhig zu halten.

Beine breit und Leiter hoch

Doch nicht nur Katja B. profitiert persönlich und finanziell von ihrer inniglichen Verbindung zum Chefredakteur. Sie ist diejenige im Sender, die sich den dicksten Fisch geangelt hat, und andere Kolleginnen tun es ihr mit dem selben Eifer in ähnlicher Weise gleich. Petra S. zum Beispiel läuft gern im Mini durch die Räumlichkeiten und moderiert irgendwann eine Sendung. Dann schnappt sie sich einen Kollegen, heiratet ihn und wechselt zum Tochtersender RTL2. Wenig später kehrt sie ins Mutterhaus zurück. Die Ehe scheint zu kriseln. Doch Petra hat erreicht, was sie wollte. »Beine breit und Leiter hoch« ist das Motto vieler Frauen, die gerade im Journalismus Karriere machen. Die einen machen sich an den Chef oder an andere, einflussreiche Kollegen heran, andere versuchen es bei Politikern. Nicht selten klappt es, und der Coup gelingt.

Diese Frauen, die in den meisten Fällen weder fachlich qualifiziert genug sind, noch über Charisma verfügen, machen es den ehrlichen, gut ausgebildeten, tüchtigen und beruflich strebsamen Geschlechtsgenossinnen undenkbar schwer, die Leistungs-Leiter, nicht die Bett-Leiter, zu erklimmen. Nicht anders wie im Hollywood der 1920-er Jahre spielt auch hier eine traditionelle Sozialkonstellation eine Rolle. Der viel ältere, aber unglaublich mächtige Mann findet in seinem beruflichen Umfeld die junge, gutaussehende Kurtisane. Das unterstreicht nicht nur seine berufliche, sondern auch seine soziale Stellung und festigt die Macht, mit der er zu spielen sich erlauben kann. Nicht von ungefähr schmückten sich schon früher mächtige Mafiosi mit schönen Frauen, damit sie auf ausgelassenen Partys (in unserem Fall Promi-Treffen) glänzen konnten. Männer, die ihren Status und ihr Strahlen im Schein einer schönen jungen Frau erhöhen wollen. Andere Frauen hingegen nutzen ihre Herkunft aus und spielen zunächst einfach nur Tochter. Bei RTL moderiert eine solche Tochter ab und an die Hauptnachrichten. Ihr Vater war einer der ersten und besten TV-Journalisten Deutschlands. Jetzt gehört sie zur TV-Elite in Deutschland: nicht, weil sie gut ist, sondern weil ihr Vater Macht hatte. Hier zeigen sich Strukturen ähnlich wie im Tierreich, wo der starke Kater, Bulle oder Rüde seine Macht auch dadurch demonstriert, indem er das gebärfreudigste Weibchen für sich beansprucht und bei der Paarung unterwirft.

Patrick kann es nicht

Kommen wir zurück zum Redaktionsleiter der Sendung »Punkt 12«, dem bayerischen Musterschüler, der so gern seinen Dialekt hinter einer Art Schriftdeutsch versteckt, dabei aber immer wieder auffällt. Irgendwann wird die Sendung von einer halben auf eine ganze Stunde verlängert. Das bedeutet für uns Redakteure mehr Stücke unterbringen, mehr Themen finden, einzelne Blöcke wie »Gesundheit«, »Show«, »Sport« usw. in die Sendung einbringen. Patrick reagiert auf die neue Aufgabe immer nervöser. Hinzu kommt die Internationale Funkausstellung in Berlin, zu der die Hälfte der Redaktion anreist. Die andere Hälfte bleibt in Köln, um dort die Routinearbeiten, die zu jeder Fernsehsendung gehören, zu erledigen.

Wir sind im Jahr 1997, das durch den Tod von Lady Di Ende August einen traurigen Höhepunkt erreicht hat. Die Kollegen und auch Patrick sind in gewisser Weise froh und dankbar über den Tod der Prinzessin, weil er mindestens eine Woche lang täglich neue Bilder und Nachrichten aus London liefert. Damit lässt sich die moderate Sendung bestens füllen. Zum Abschluss der Internationalen Funkausstellung macht Michael, ein sehr guter und fähiger Mann in Köln ein Stück über die beeindruckendsten Bilder der Woche. Katja tritt einmal mehr ins Fettnäpfchen, als sie den Beitrag live in Berlin mit den Worten »wir verabschieden uns von ihnen mit den schönsten Bildern der Woche« anmoderiert. Zu sehen sind allerdings Bilder von weinenden und trauernden Menschen, von Blumenmeeren vor den königlichen Palästen in London und von dem zerschmetterten Mercedes der Prinzessin in Paris. Was daran schön sein soll, kann nur sie beantworten, hat es aber bis heute nicht getan. Die Gesamtverantwortung für die Sendung trägt natürlich Patrick Z. Um es vorwegzunehmen: Er ist sitzt heute auf einem ähnlichen Abschiebeposten wie seinerzeit der Ex-Redaktionsleiter von BILD-Stuttgart. Patrick ist verantwortlich für den Internetauftritt von RTL.

Als er noch bei Heiner Bremer's Nachtjournal war, wo er den Chef ein paarmal um Mitternacht vor der Kamera vertreten durfte, hat sich Patrick Z. nicht zum Redaktionsleiter qualifiziert. Er weiß oft nicht mehr, was er entschieden hat und was nicht. Immer häufiger sucht er nach billigen Ausreden, drückt sich vor Verantwortung. Der große Chef, der so viel verändern wollte, ist Anfang 1998 für mich gescheitert. Er wird sich nur noch wenige Monate halten. Patrik wird, wie viele Menschen in seiner Situation jetzt noch falsch und hinterhältig. Bei einer Redaktionsbesprechung in einem spanischen Restaurant in Köln gräbt er sich selbst eine Grube. Kollege Teddy fragt ihn, ob sein Sommerurlaub klar gehe. Patrick bestätigt: »Kein Problem, Teddy, geht alles klar, habe den Urlaubsantrag schon unterschrieben.« »Wieso«, fragt der Kollege völlig erstaunt, »den Antrag habe ich dir doch noch gar nicht gegeben!« Patricks Gesicht überzieht sich mit peinlicher Röte, er stammelt etwas von Irrtum, ein anderer Kollege sei gemeint. Pech nur, dass niemand aus der Redaktion – außer Teddy eben – zum angegeben Zeitpunkt Urlaub machen wollte.

Sparen, sparen ohne Gnade

Trotz Milliardenumsätzen und steigender Beliebtheit bei den deutschen TV-Zuschauern regiert Anfang 1998 auch an der Aachener Straße der Rotstift. Patrick kommt eines Tages von einer Abteilungsleiterbesprechung zurück und zieht ein nicht sehr erfreuliches Gesicht. Was er berichtet, lässt uns nicht gerade ins Schwärmen verfallen. Jede Redaktion muss kräftig bei den Ausgaben einsparen. Zehn Prozent haben die oberen Herren pro Redaktion veranschlagt. Für uns Redakteure, die zum größten Teil nur mit Jahresverträgen ausgestattet sind, beginnt eine unangenehme Zeit. Lange weiß niemand, ob er weiter übernommen wird oder nicht. Patrick verbreitet Zweckoptimismus. Er verspricht, niemand müsse um seinen Job bangen. Das beruhigt uns, und die Arbeit geht wieder leichter von der Hand, die Motivation kehrt zurück.

Doch wie so oft hat Patrick Z. auch hier mit falschen Karten gespielt. Entweder ist dieses Verhalten seiner Unsicherheit zuzuschreiben, oder er ist tatsächlich ein eiskalter Typ, dem die Vernichtung von Existenzen völlig egal ist. Jedenfalls spüre ich in mir leichte Zweifel, als ich von ihm wegen der Vertragsverlängerung immer wieder vertröstet werde.

Alle anderen haben bereits ihren Vertrag für das nächste Jahr, bei mir redet Patrick sich heraus. Als ich ihn zur Rede stelle und frage, was denn jetzt mit der Verlängerung sei, wird er abwechselnd rot und blass. Leise sagt er: »Es geht nicht« und klopft mir jovial auf die Schulter. Er versucht, sich damit rauszureden, dass er wichtige Autoren nicht abgeben könne, weil sie ihm ja die Sendung füllen. Einen Planer kann man verschmerzen. Selbstverständlich sei er mir bei der Suche nach einem neuen Job behilflich. Vielleicht sei ja etwas im Archiv frei. Natürlich, wie konnte es auch anders sein, ist im Archiv keine Stelle frei, und so mache ich mich einmal mehr auf die Suche nach Arbeit in der asozialsten Branche Deutschlands. Fündig werde ich im RTL-Außenstudio Essen. Dort trete ich die Stelle des Nachtredakteurs an, der Material für die Frühsendungen »Punkt 6« und »Punkt 7« aus NRW zuliefert – eine Arbeit, die mir den Wahnsinn im deutschen Journalismus noch deutlicher zeigen wird, als es je der Fall war.

XI.

Wie sauber ist ein Sender?

Wir gehen mal essen

Sprücheklopfer, Märchenerzähler und Lügner haben wir im Verlaufe dieses Buches ja nun schon hinreichend kennengelernt, aber leider ist diese Liste noch lange nicht zu Ende. Einer der Sprüche, mit denen in der Branche achtlos um sich geworfen wird, lautet »wir gehen mal essen«. Immer dann, wenn jemand eine besondere Leistung gebracht hat, oder einer sich bei einem Kollegen entschuldigen sollte, wenn es etwas heikles zwischen Chef und einem Redakteur zu besprechen gibt oder wenn der Chef jemanden beschwichtigen will, heißt es so ganz nebenbei: »Wir gehen mal essen.« Selbstverständlich finden diese Essen nie statt. Der Chef hat seine Schuldigkeit seiner Auffassung nach getan, und alles ist in bester Ordnung. So oberflächlich dieses Verhalten ist, so oberflächlich arbeitet eine Vielzahl deutscher Journalisten auch. Was dabei herauskommt, erleben wir täglich neu: schamlos zusammengeschusterte Zeitungen und Fernsehsendungen, die es im Grunde nicht wert sind, beachtet zu werden.

P. P. tut sich nicht weh

Peter P. ist Ende vierzig und Leiter des RTL-Außenstudios in Essen. Der ehemalige Redakteur einer rheinischen Boulevardzeitung gehört eigentlich zu der Agentur Teuto-Tele aus Bielefeld, die in den Anfangszeiten von RTL Verträge mit dem Sender gemacht hat, um Außenstudios in Essen, Köln, Stuttgart, Leipzig, Bremen und Bielefeld zu betreiben. RTL zahlt der

Agentur dafür Millionenbeträge pro Jahr und steigt irgendwann finanziell auch bei Teuto-Tele mit ein.

Studioleiter Peter, den ich ja durch meine Arbeit bei Punkt 12 kenne, hat einen leichten Job. Fernab von Bielefeld und Köln sitzt er in seinem Essener Büro und lässt den lieben Gott einen guten Mann sein. Weder nimmt er die Stücke von Kollegen ernsthaft ab, bevor sie nach Köln überspielt werden, noch kümmert er sich um das, was in der Redaktion läuft. Er kommt morgens um kurz vor zehn Uhr, weil um zehn die Schaltkonferenz beginnt und geht spätestens um 17 Uhr in Richtung Heimat. Zwischendurch beschäftigt er sich – die Beine auf dem Schreibtisch liegend – mit dem nächsten Tennismatch, dem Playboy oder der Frage, in welche Kneipe er denn nach Feierabend geht. Was den Mann auch noch bewegt, ist Schalke 04, wovon er eine Spieluhr auf dem Schreibtisch stehen hat, die als Weckfunktion das Lied »steht auf, wenn ihr Schalker seid« intoniert. P. P. hat eben einen Job, bei dem er sich nicht weh tut.

Das passiert den Kolleginnen und Kollegen aus der Redaktion schon viel eher. Nicht selten schuften sie unter absolutem Druck zwölf oder 14 Stunden lang. Überstunden werden natürlich nicht bezahlt, von einem Ausgleich durch Freizeit ist nur die Rede, nicht aber die Tat, und am anderen Morgen wird wieder pünktlich mit der Arbeit begonnen. Wenn ich gegen 21 Uhr (später soll der Arbeitsbeginn auf 20 Uhr vorverlegt werden, das Ende aber nicht dementsprechend früher eintreten) die Redaktionsträume betrete, treffe ich nahezu täglich Kolleginnen und Kollegen, die bereits um acht Uhr in der Früh begonnen haben. Die meisten sind mit den Nerven am Ende, müssen ihre Beiträge immer und immer wieder ändern, weil in der Sendungsredaktion in Köln jemand etwas auszusetzen hat. Flüche knallen wie Peitschenhiebe durch die Büros in Essen, Tränen laufen, Kugelschreiber zerspringen an den Wänden, weil sie von wutentbrannten und gedemütigten Redakteuren dagegen geschleudert wurden.

Als Nachtredakteur habe ich einen vergleichsweise ruhigen Job. Mich können nur die Kollegen von »Punkt 6« nerven, was sich aber in Grenzen hält, weil ich sie ja alle persönlich aus meiner Kölner Zeit kenne und weiß, wie ich mit ihnen umgehen muss. Ab und zu müssen der Kameramann, der zu einer externen Firma gehört und nicht bei mir im Büro sitzt, und ich für das »Nachtjournal« drehen. Was nachts geschehen ist, lesen P. P. und die Kollegen am anderen Morgen im Übergabeprotokoll.

Einsame Nächte

Wenn die gestressten Kollegen die Redaktion verlassen, der Verkehr auf den Straßen nachläßt und die Nacht hereinbricht, beginnt mein Job als Nachtredakteur. Zuständig für ganz Nordrhein-Westfalen, den Niederlanden und Belgien, versuche ich so gut es geht den Überblick über das aktuelle Geschehen zu behalten. Dabei helfen mir die illegalen Funkhörer und die rund 40 Polizeipräsidien in Nordrhein-Westfalen, die ich zweimal in der Nacht über eine spezielle Nummer anrufe, um legale Auskünfte zu bekommen.

Oft sind die Nächte einsam und langweilig, dann wieder so hektisch und voller Zeitdruck, dass ich nicht weiß, wo mir der Kopf steht.

Was mich von Beginn an stört, ist die Tatsache, dass ich völlig allein im Büro sitze – ohne Hilfe, wenn ich krank werde, zusammenbreche oder mich schwer verletze. Arbeits- und Unfallverhütungsvorschriften werden auch bei Teuto-Tele einfach nicht beachtet, was ein Beweis mehr für die fehlende innere Qualität der Führungskräfte darstellt. Während wir fast jede Nacht in Bild und Text über schwere Unfälle, Brände oder Morde berichten, gelten die primitivsten Sicherheitsvorschriften im eigenen Haus rein gar nichts. Es geht nicht allein darum, dass ich keinen Kollegen im Büro zur Seite habe. Von uns wird verlangt, dass wir unter Missachtung sämtlicher Verkehrs- und Sicherheitsvorschriften Auto fahren, um schnell genug die Bilder liefern zu können. Passiert ein Unfall oder im Falle, dass wir von der Polizei erwischt werden, nimmt sich keiner im

Haus dieser Angelegenheit an. Der Grund dafür ist auch hier wieder die reine Profitgier, die auch ursächlich dafür ist, dass ich keine Nachtzulage erhalte, was in jedem anderen Beruf in Deutschland unmöglich wäre.

Zu meinen ersten Einsätzen, die ich von Essen aus koordiniere, gehört die spektakuläre Flucht des belgischen Kinderschänders Marc Dutroux im Frühjahr 1998. Wenige Stunden nach seiner Flucht wird er in einem Wald unweit der deutschen Grenze von der Polizei wieder festgenommen. Informanten hatten mich zuvor darauf hingewiesen, wo der Fluchtwagen des Verbrechers gefunden worden war. So drehen die Kollegen – als einziges Team der Welt – in aller Ruhe den Abtransport des Fahrzeugs durch die belgischen Sicherheitsbehörden.

In einsameren Nächten habe ich es häufig mit seltsamen Anrufern zu tun: Menschen, die ihrer Meinung nach wichtige Informationen mitteilen möchten, Zuschauer, die sich über bestimmte Sendungen beschweren, Verzweifelte, die ihren Selbstmord ankündigen, Spinner, die mit Straftaten drohen oder Informanten, die manchmal schlimmer nerven als alle anderen unliebsamen Anrufer zusammen. Allen voran Dieter W.!

Gibt's noch was?

Als ich die Stimme des Mannes zum ersten Mal am Telefon höre, erschrecke ich beinahe. Ein gequältes, langgezogenes Quaken kurz vor der Hysterie entfährt dem Mund des Anrufers. Er klingt irgendwie leidend, mit sich und der Welt unzufrieden. »Gibt es noch was« fragt der Mann, »habt ihr etwas, was ich der DPA melden kann?« Als ich verneine, quittiert er das mit einem »naa guuut« und legt auf. Einige Tage später frage ich Peter P. nach dem Anrufer. Peter grinst und winkt ab. »Das war Dieter«, erklärt er, »ein Informant, mit dem wir zusammenarbeiten. Ein etwas komischer Kauz, Radioreporter. Früher war er beim WDR, flog da aber raus, glaube ich.«

Kurz darauf lerne ich Dieter W. persönlich kennen: ein kleiner, dicklicher Mann mit schütterem grau-blondem Haar und Brille. Sein Gesicht ziert eine Knubbelnase. Blass-blaue Augen blicken mich fahrig an. Er macht einen unsteten Eindruck, nimmt kleine, flinke Schritte – und er nervt. Dieter, so erfahre ich später, hat es auf meinem Posten als Nachtredakteur abgesehen. Doch ihn kann sich selbst Teuto-Tele nicht leisten, denn der Radiomann ist überall in Nordrhein-Westfalen, besonders bei der Polizei mehr als unbeliebt. Der Pressestelle der Dortmunder Polizei unterstellt er Lügen, über den Pressesprecher der Behörde in Essen veröffentlicht er ehrabschneidende Texte auf einer Internetseite, die er, nachdem ihm mit einer Anzeige gedroht wird, wieder löscht.

Doch nicht nur auf diesem Gebiet ist Dieter schwer aktiv. Geplagt von Verfolgungswahn, sieht er auch in mir eine Bedrohung seiner Existenz und greift zu Mitteln, die nur einem Wahnsinnigen einfallen können. Nachts erscheint er in der Redaktion und will überprüfen, ob ich richtig arbeite. In seiner Wohnung hört er über einen Scanner den Polizeifunk ab und verlangt von mir, mich beim Innenministerium zu beschweren, weil ihm angeblich bei der Polizei keine Auskunft erteilt wurde. Häufig verfällt Dieter in hysterisches Geschrei, das sich zu einem Kreischen steigert. Am Telefon benimmt er sich wie ein Irrer. Sekunden später hat er sich wieder beruhigt und erzählt mir, dass er beim Psychiater in Behandlung sei und Fußpilz habe.

Eines Nachts fährt er mit seinem Wagen vor die Studiotür und äußert eine seltsame Bitte. »Ich habe meinen neuen Schäferhund im Auto. Greif mich doch mal an, ich will wissen, ob mich der Hund verteidigt.« Dann kommuniziert er Falschmeldungen, die ich an RTL weitergeben soll. Das von ihm erwünschte Ergebnis ist klar: Stellt sich heraus, dass die Meldung nicht der Wahrheit entspricht und von RTL verbreitet wird, bin ich meinen Job los. Nur mit Glück werde ich darauf aufmerksam und kann die Katastrophe verhindern. In diesem Moment platzt mir der Kragen. Ich brülle W. zusammen, dass ihm der Trenchcoat flattert und erteile ihm Hausverbot.

Dieter gehört zu der Reihe von Nachtgestalten, die nie ein

Fernsehzuschauer zu Gesicht bekommen wird, die ihm aber Informationen und Bilder von Ereignissen liefern, über die morgens in den Nachrichten berichtet wird. Die Sender wollen selbstverständlich mit dem Gossenvolk nichts zu tun haben, erzielen durch es aber beträchtliche Gewinne. Hier verhält es sich ähnlich wie in der Beziehung zwischen Drogensüchtigen und der Mafia. Während die Mafiosi in prunkvollen Villen residieren, sich mit Stars und Politikern z. B. bei Theaterpremieren umgeben, sitzen die Drogensüchtigen wenige Meter weiter im Dreck. Mit ihrer Sucht und der damit verbundenen Kriminalität füllen sie den Mafiosi die Taschen. Doch niemals würden die Verbrecher auf die Idee kommen, sich mit den Elendsgestalten zu befassen.

Genauso verhält es sich in unserem Fall. Dass RTL und andere Sender Bilder verbreiten, die u. a. entstanden sind, weil einige Leute permanent gegen Gesetze verstoßen, würden die Großkopferten in den Sendezentralen niemals zugeben. Da stellt sich wirklich die Frage, wie sauber ein Sender eigentlich ist.

Den Staatsanwalt in der Hand

Dieter W. ist ein Zeitgenosse, der in geradezu klassischer Weise die negativen Erscheinungen einer Nachtgestalt manifestiert. Irgendwann fragt er mich am Telefon, ob ich nicht mal Lust hätte, mit ihm eine Sado-Maso-Fete zu besuchen. Dort würde er regelmäßig hingehen, berichtet er mir frei von der Leber weg. In ganz Deutschland steigen laut seiner Aussage, solche Veranstaltungen – und das mache richtig Spaß. Nun, jeder mag seine sexuellen Vorlieben haben, Sado-Maso zählt aber nicht zu den meinen, und so lehne ich das Angebot von Dieter ab. Er aber lässt keine Ruhe und kommt einige Nächte später wieder auf das Thema zu sprechen. Dieses Mal will er mich über die journalistische Schiene locken.

»Stell dir vor«, sagt er, »dort lernst du Leute kennen, von denen du nie glauben würdest, dass es Perverse sind.« Ich frage, warum er dort hingehe. »Ganz einfach, weil du dort Leute findest, die journalistisch interessant sind. Und wenn du sie einmal da gesehen hast, hast du sie in der Hand, wie den Staatsanwalt, den ich bei einer Fete traf. Er ließ sich von einer Frau in den Mund pinkeln – vor meinen Augen. Jetzt habe ich ihn in der Hand und bekomme alle Informationen von ihm.« Allein das sei der Grund, so W., warum er die Sado-Maso-Feten besuche.

Vielleicht will er ja auch jemanden in seine Hand bekommen, als er eines Nachts über Funk von der Polizei gesucht wird. Einige Informanten hatten die Fahndung illegal mitgehört und sich vor Lachen kaum halten können. Dieter muss eine der Straßenhuren in Essen aufgelesen, in sein Auto geladen haben und mit ihr davongefahren sein. Doch der Akt dauert dem Zuhälter, der sich das Kennzeichen notiert hatte, viel zu lange. So ruft er in der Annahme, der Frau sei etwas zugestoßen, die Polizei. Die leitet gleich eine Großfahndung nach dem Wagen ein. Einer der Informanten will Dieter warnen und ruft ihn übers Handy an. Nach der Überlieferung entwickelt sich folgender Dialog: »Dieter, wo bist du?« – »das geht dich überhaupt nichts an, lass mich in Ruhe!« – »Dieter, Gruga (Funkrufname der Polizei in Essen) sucht dich, bring die Nutte zurück!« Dieter legt auf, Minuten später hören die Informanten, dass die Prostituierte von dem ominösen Freier, der in einem Wagen sitzt, der dem von Dieter sogar bis aufs Kennzeichen gleicht, wohlbehalten zurückgebracht wird. Später soll sich Dieter W. zu der Nacht, in der auch er »zufällig« unterwegs war, geäußert haben: »Ich musste recherchieren.«

Im Grunde ist Dieter, der auch heute noch als freier Rundfunkreporter durch Deutschland zieht, nur eine weitere gescheiterte Existenz im deutschen Journalismus: verlassen, verschaukelt, verlacht und verbraucht. In gewisser Weise spiegelt er das wider, was mit Menschen in dieser Branche gemacht wird. Die Behandlung grenzt oftmals nicht nur an seelischer Folter: Sie ist es sogar. So unterscheiden sich viele Verantwortliche in den Medien kaum von den Inquisitoren des Mittelalters. Ihre Methoden sind moderner, aber genauso brutal und verachtenswert. Folter in moderner Verpackung. Darüber hinaus scheint der Journalismus in Deutschland auch eine Anziehungskraft auf Kriminelle auszuüben wie der Honig auf die Bienen.

Ein absoluter Spinner

Auch er heißt Dieter, auch er ist nachts unterwegs. Und auch mit ihm habe ich haarsträubende Geschichten erlebt. Nennen wir ihn der besseren Unterscheidung halber »Holländer«, weil Dieter G. in den Niederlanden geboren wurde und weil sein Nachname sowieso aller Wahrscheinlichkeit nach nicht der Wahrheit entspricht. 1999 wohnt er im Grenzgebiet seines Heimatlandes zwischen Aachen und Jülich. Was mir an dem Mann zuerst auffällt, ist seine laute Stimme. Wenn er telefoniert, zittern die Fensterscheiben, so sehr brüllt der Holländer in den Hörer. In seinem Haus wimmelt es nur so von einer Vielfalt von hochfeiner Funktechnik. Nichts bleibt dem Holländer verborgen. Und häufig kommt er mit Tips aus der Unterwelt, vornehmlich aus dem Rotlichtmilieu. Holländer weiß, wann Razzien stattfinden und wo ein Privatbordell abgebrannt ist. Im Brandschutt findet er zufällig ein Notizbuch der Betreiberin eines Puffs, und auch beim Absturz eines NATO-Tankflugzeugs am Flugplatz Geilenkirchen ist er einer der ersten vor Ort und bringt die besten Aufnahmen. Gedreht hat er sie mit einer kleinen Digitalkamera. Holländer neigt zu großen Übertreibungen und Versprechungen. So gaukelt er mir in der Redaktion eines Nachts vor, er habe Kontakte zu einem Mitglied einer okkulten Gemeinschaft, die regelmäßig schwarze Messen abhalten würde. Sein Bekannter werde ihm demnächst die kommenden Termine mitteilen, damit wir für RTL auf einem Friedhof versteckte Aufnahmen machen könnten. Daraus geworden ist nie etwas. Bei anderer Gelegenheit verspricht er ein Computerprogramm, mit dem man die Datenübermittlungen des Bundeskriminalamtes zu einzelnen Polizeidienststellen abfangen könne. Nach kurzer Zeit erkenne ich in ihm einen absoluten Spinner. Der Holländer kann offenbar Wunschdenken und Realität nicht mehr unterscheiden und findet mit seinen Hirngespinsten auch noch Anerkennung bei der Studioleitung. Nicht selten weisen P. P. und sein Stellvertreter Kai K. mich darauf hin, dass der Holländer absolut tolle Infos habe, die ich ernstnehmen sollte. Ob dabei Erfolge, Reportagen, bislang nie gesehene Bilder oder genau das Gegenteil davon zutage kommen, kümmert sie hinterher nicht mehr.

Genauso wenig kümmert sie die Tatsache, dass der Holländer bereits einige Zeit im Gefängnis zugebracht hat. Er soll wegen Betruges in größerem Stil gesessen haben. Da konnte ihm auch seine Frau, von der er behauptet, sie sei Anwältin, wohl nicht helfen. Später stellt sich übrigens heraus, dass sie nur Anwaltsgehilfin ist und in Düsseldorf arbeitet.

Eines Tages kommt die Polizei beim Holländer zu »Besuch« und durchsucht sein Haus nach illegalen Funkscannern. Stolz und lachend erzählt er, dass die Beamten nichts gefunden hätten, weil er die Scanner einfach im Zwinger seiner Hunde untergebracht hätte, und da seien die Polizisten nicht hineingegangen. Dann höre ich wochenlang nichts mehr von ihm. Irgendwann erfahre ich, dass der Holländer wieder in sein Heimatland gezogen sei. Was er heute macht, weiß ich nicht. Wahrscheinlich ist allerdings, dass er immer noch zur Grauzone des Journalismus gehört und damit seine Brötchen verdient.

Peter spuckt nicht rein

P. P., der Studioleiter, der das Arbeiten nicht erfunden hat, ist ein echter Genießer. Bei meinen Nachtdiensten bekomme ich häufig mit, was ihm am meisten behagt. In einer Winternacht geht plötzlich die Studiotür auf und Peter steht wankend, in Begleitung zweier, nicht nüchterner, aber durchaus gutaussehender Blondinen, im Rahmen. Grinsend und motorisch beängstigend deutet er auf mich und lallt: »Das ist unser Nachtredakteur.« Die beiden Frauen lächeln und wünschen undeutlich einen guten Abend. Sich gegenseitig nasse Küsse verabreichend verabschieden sich die drei Gestalten nach zwei Minuten wieder und verschwinden. Immerhin ist es zu diesem Zeitpunkt weit nach Mitternacht und für die drei Nachtschwärmer Zeit, endlich ins Bett zu kommen.

Das sollte nicht die letzte Nacht gewesen sein, in der P. P. volltrunken in der Redaktion erscheint. Nicht selten fällt er im Flur von einer Wand zur anderen oder sitzt in seinem Büro apathisch auf dem Schreibtischsessel, bevor er sich mühsam aufrafft und wieder zur Tür hinausgeht. Morgens ist der Mann dann dementsprechend gerädert und kriegt nicht einmal das Nötigste auf die Reihe. Stücke, die von den Redaktionen in Köln bei uns bestellt und produziert werden, nimmt Peter kaum noch ab bevor sie zum Sender überspielt werden. Die Beschwerden aus der Domstadt häufen sich, die Mitarbeiter in Essen sind unzufrieden, doch P. P. scheint das alles nicht zu stören. Er lebt für sein Tennis und seine fröhlichen Kneipenrunden. Niemand scheint da zu sein, der ihm Einhalt gebietet. Das soll zu seinem späteren, schnellen Ende als Studioleiter beitragen.

Illegal beschäftigt

Nach der Bundestagswahl 1998 verabschiedet die neue Regierung unter Gerhard Schröder ein Gesetz, dass den Missbrauch freier Mitarbeiter besonders im Journalismus einen Riegel vorschieben soll. Gemeint ist das Gesetz gegen Scheinselbständigkeit. Scheinselbständig ist demnach ein freier Mitarbeiter, der die gleiche Tätigkeit wie ein festangestellter ausübt, Weisungen des Chefs unterliegt und sich seine Kunden nicht selber suchen kann. Einziger Unterschied: Der Arbeitgeber spart alle Sozialabgaben und verdient so sehr gut an seinem

»freien« Mitarbeiter. Da z. B. Selbständige nicht in die Arbeitslosenversicherung einzahlen können, entgehen dem Staat durch Scheinselbständigkeit allein in diesem Bereich jährlich zig Millionen Euro.

P. P. und auch die Verantwortlichen bei TeutoTele in Bielefeld wissen genau, dass sie mich als Scheinselbständigen beschäftigen. Immer wieder spreche ich den Redaktionsleiter darauf an, endlich einen festen Vertrag haben zu wollen, denn so war unser Arbeitsverhältnis im Vorgespräch beschlossen worden. Doch Peter wiegelt stets ab. »Mach dir keine Gedanken«, pflegt er dann zu sagen, »das wird schon.« Er weiß genau, dass er gegen das Gesetz verstößt, und einmal gibt er zu: »Eigentlich ist deine Beschäftigung hier ja illegal«!

In meiner Post finde ich einen Fragebogen zur Sozialversicherungspflicht, den Bielefeld mir aufgrund der neuen Gesetzeslage zugeschickt hat. Mitenthalten ist u. a. die Frage, ob ich mehrere Kunden habe und somit ein echter Selbständiger sei. Wahrheitsgemäß fülle ich den Fragebogen aus und schicke ihn nach Bielefeld. Wenige Tage später kommt er zurück. Meine Antworten sind mehrfach mit »falsch« kommentiert, und zwar immer dort, wo es darum geht, dass ich mich als Scheinselbständiger zu erkennen gebe. Um weiterhin mein Geld verdienen und meinen Arbeitsplatz erhalten zu können, werde ich also zum Lügen gezwungen und soll die Fragen im Sinne des Hauses in Bielefeld beantworten.

Dann kommt die Order, meine monatlichen Rechnungen, die ich an Teuto schicke, nicht mehr mit immer demselben Betrag zu versehen, sondern zu splitten: in einem Monat etwas mehr als vereinbart, im nächsten etwas weniger als vereinbart in Rechnung zu stellen. Der Hintergrund: So soll bei einer Prüfung vermieden werden, dass die Wahrheit sofort an Tageslicht kommt.

Der redigierte Fragebogen flattert mir übrigens nach meinem Urlaub 1999 ins Haus. Als ich Ende Mai auf mein Konto blicke, fehlt dort das Gehalt. Die lapidare Antwort aus Bielefeld: Man habe nicht überwiesen, weil der Fragebogen nicht »richtig«

ausgefüllt worden sei. Daraufhin habe der Chef des Hauses verfügt, erst einmal kein Geld zu überweisen!

Im Rattenhaus

So bleibe ich weiterhin als illegal Beschäftigter nachts in einem Studio sitzen, dass in jeglicher Hinsicht jeder Beschreibung spottet. Das Gebäude ist eine ehemalig Bar, in der sich nicht mehr ganz so frische Damen und Herren vor Jahrzehnten zum Tanz und mehr getroffen haben. Schummerige Beleuchtung und Tischtelefone herrschten hier vor, man tanzte dort den »Ball der einsamen Herzen«.

Davon geblieben ist die halbrunde Theke, hinter der unsere Kaffeemaschine, der Kühlschrank und der Cola-Automat stehen. Hier finden morgens auch immer die Redaktionskonferenzen statt. Außerdem hat mein Arbeitgeber die Toilettenanlage des Etablissements sozusagen eins zu eins übernommen. Die Anlage ist in beklagenswertem Zustand, stinkt bestialisch, und besonders im Sommer zieht der »Duft« durch das gesamte Großraumbüro. Das öffnen von Türen und Fenster wäre zwar sinnvoll, um frische Zugluft zu erzeugen, nicht aber angesichts der Heerscharen von Ratten, die sich auf dem Hinterhof, wo sich unsere Garagen befinden, jede Nacht tummeln. Wenn ich zum Auto gehe, springen mir die Nager über die Füße, oder ich muss höllisch aufpassen, damit ich nicht in eine der Rattenleichen trete, die überall auf dem Hof verstreut liegen. Schuld an der Plage ist ein Hotel, dessen Hintereingang an unseren Hof grenzt. Hier steht auch der Müllcontainer, in den die Angestellten die Küchenabfälle werfen. Ein wahres Paradies für die Ratten, die vor Wonne in den offenen Container klettern, um sich dort an den verwesenden Lebensmitteln zu laben. Ab und an, wenn die Kollegen der Tagschicht es vergessen haben, die Rolltore der Garagen zu schließen, treffe ich dort auf heruntergekommene Gestalten: auf Junkies, die vom nahe gelegenen Hauptbahnhof herüberkommen und sich im Schutz unserer

Fahrzeuge den nächsten Schuss setzen. Trotzdem die meisten von ihnen harmlos sind, birgt eine solche Situation jedesmal für mich auch die Gefahr in sich, angegriffen zu werden. Wahrlich kein angenehmes Arbeiten – und das in einem Studio, das zum Vorzeigesender der Privaten in Deutschland zählt. Die dem Zuschauer vorgegaukelte Glitzer- und Glamourwelt von RTL steht in krassem Gegensatz zur Wirklichkeit. Auch das ist Journalismus in Deutschland im 20. Jahrhundert: unbemerkt von der Außenwelt, abgeschottet und verschwiegen! Während Zeitungen und Fernsehsender über krasse Missstände in anderen Branchen berichten, täten sie gut daran, einmal über sich selbst und ihre eigenen Methoden zu reflektieren. Doch das kommt nicht vor, weil nicht sein kann, was nicht sein darf. Stets tragen sie ihrem Selbstverständnis nach die weiße Weste im Staat, und die anderen sind die bösen Buben.

Zu der anstrengenden und zermürbenden Nachtarbeit mit all ihren Begleitumständen kommt auch noch das Verhalten von P. P. und seinem Stellvertreter, die getreu dem Motto »nach oben buckeln, nach unten treten« sämtliche Probleme von sich auf die Mitarbeiter abwälzen. Für mich heißt das, dass ich kaum einen Tag durchschlafen kann, weil ewig das Handy klingelt. Am anderen Ende ist dann jedesmal einer der beiden Chefs, um dümmliche oder arrogante Fragen zu stellen. Mal kommen sie nicht mit meiner Übergabe klar, dann suchen sie irgendeine Kassette, oder wollen mich innerhalb einer halben Stunde dringend sprechen. Also muss ich raus aus dem Bett, ins Auto und zum Studio fahren, um mir irgendeinen Quatsch über interne Abläufe oder kritische Äußerungen aus Köln anzuhören. Doch nicht nur die Qualität des Umgangs miteinander lässt immer stärker nach, sondern auch die der Produkte. Der Grund dafür ist die nicht zu stillende Gier nach Profit, den TeutoTele und andere in erster Linie dadurch einfahren, dass sie nicht oder schlecht ausgebildete Leute die Arbeit von Redakteuren machen lassen, selbstverständlich für einen Minibruchteil dessen, was ein Redakteur verdient. Das läuft ganz einfach. RTL zahlt an den eigenen Dienstleister TeutoTele jährlich einen

Betrag von mehreren Millionen Mark bzw. Euro. Zusätzlich wird jeder durch Teuto für RTL wahrgenommene Termin, und für jedes von Teuto produzierte Stück extra bezahlt. Da Teuto in vielen Fällen diese Stücke und Termine von Praktikanten, freien Mitarbeitern oder Volontären (Lehrlingen) bearbeiten lässt, ist der finanzielle Aufwand sehr viel geringer und damit der Gewinn für die Firma dementsprechend höher.

Nur hat das mit der Billigmasche auch so seine Tücken. Bei Teuto treten sie fast täglich auf und können meistens vertuscht werden. Wie gesagt, meistens, aber nicht immer. An einen Fall erinnere ich mich besonders gut.

Wer sind Sie denn?

Nicole ist ein hübsches, blondes Mädchen mit guten Manieren, das bei uns ein Praktikum macht. Stolz fährt sie mit Redakteur und Kamerateam zu einzelnen Terminen raus, übt das Texten von Beiträgen und zeigt sich am Journalismus interessiert. P. P., der auch in diesem Fall wohl mehr an der anatomischen Beschaffenheit der Praktikantin Interesse zeigt als daran, ihr das journalistische Handwerk näher zu bringen, setzt das Mädchen irgendwann als Redakteurin ein – und das Ausgerechnet bei einem gesellschaftlich nicht unwichtigen Termin, bei dem Politiker und der Vorsitzende des Zentralrats der Juden in Deutschland, Paul Spiegel, anwesend sind.

Was bei dem Termin in Düsseldorf gelaufen ist, bekomme ich erst am Abend mit, als ich zum Nachtdienst erscheine. Gerade sehe ich noch wie Nicole voller Gram das Büro verlässt. Ihr Gesicht verheißt nichts Gutes. Minuten später erfahre ich, was passiert ist und komme aus dem Staunen kaum heraus.

Wer sich für Journalismus interessiert und in diesen Beruf einsteigen möchte (bitte tun Sie das nie!!!!), sollte schon ein gewisses Maß an Allgemeinwissen mitbringen. Nicole bringt es nicht mit, und das lässt sie plötzlich in ungeahnte Schwierigkeiten kommen. Bei dem Termin soll sie einen O-Ton (Kurzinterview) mit Paul Spiegel machen: Sie weiß allerdings nicht genau, wer der Mann ist und schon gar nicht, wie er aussieht. Also spricht sie einen der Herren an, von dem sie meint, dass es Spiegel sein könnte. Und richtig, Volltreffer! Nur nicht so ganz, denn Nicole ahnt nicht, dass sie den richtigen Mann angesprochen hat und fragt naiv: »Wer sind sie denn?« Spiegel, eine der bekanntesten Persönlichkeiten im gesellschaftlich-politischen Leben Deutschlands, muss sich ziemlich veralbert vorkommen. Zwar antwortet er Nicole, gibt auch einen O-Ton, aber später beschwert er sich an oberster Stelle über die Praktikantin, von der er annimmt, sie sei Redakteurin – eine sehr schlechte Redakteurin.

Die Folgen dieses Tuns muss das Mädchen alleine tragen. Natürlich stellt sich die Redaktionsleitung nicht vor Nicole, natürlich sagt keiner der »gestandenen« Männer die Wahrheit. Selbstverständlich werfen sie ihr Unfähigkeit vor und gestehen ihre eigene Schuld nicht ein. Ganz so, wie sie es immer machen, wenn es darum geht, sich selbst Fehler einzugestehen. Das sind die Leute, die von anderen Ehrlichkeit einfordern, weil sie ja als Sprachrohr der Öffentlichkeit fungieren.

Jetzt kommt J

Uns trifft beinahe der Schlag, als wir im Frühsommer 1999 hören, wer der oberste Boss unseres Hauses werden soll. Dem Mann eilt kein guter Ruf voraus. Er saufe zum Frühstück Blut, sagen manche und haben damit im übertragenen Sinne in keiner Weise unrecht. Es genügt, wenn wir den Mann J. nennen. Er ist ein erfahrener Journalist, der als kleiner Redakteur begann und sich – wie auch immer – hochgearbeitet hat. Im Jahr 1999 leitet er nicht nur eine TV-Redaktion, sondern wird in Personalunion auch noch Chef von Teuto, das von dieser Stunde an CNC heißt und als Agentur für alle Fernsehsender arbeitet. Dennoch bleibt der Vertrag mit RTL weiterhin bestehen, und ich arbeite jetzt praktisch in doppelter Funktion: zum einen als Agenturredakteur, zum anderen für RTL.

J. hatte ich während meiner Zeit in Köln bereits einmal gesehen. Er macht den Eindruck einer dynamischen Führungspersönlichkeit, hat blondes Haar und kalte, braune Augen. Als Chef von CNC scheint er den an viel Arbeit kaum gewöhnten P.P. aufs Korn genommen zu haben. Immer wenn er einen Abstecher von Köln zum Essener Studio macht, wirft er zuerst einen Blick ins Büro von Peter und erlaubt sich dabei spöttelnde Bemerkungen wie »mach es dir ruhig bequem«, wenn P.P. die Beine auf dem Schreibtisch liegen hat oder »ach, du bist auch schon da«, wenn Peter zu spät zum Dienst kommt. Ich merke gleich, dass mit J. nicht gut Kirschen essen ist. Seine Profitgier und Hinterhältigkeit wird mir besonders deutlich, als er mir nur noch die Hälfte meiner festen Summe zahlt, den Rest soll ich über Provisionen erwirtschaften. Der stellvertretende Chef und P.P. sollen mir in einem Gespräch in Köln den »Vorschlag« von J. unterbreiten. Wohl oder übel muss ich zustimmen, um meinen Job nicht zu verlieren. J. weiß das genau, was er natürlich ausnutzt. Auch im Umgang mit den anderen Kolleginnen und Kollegen ist er nicht gerade zimperlich, brüllt sie am Telefon oder direkt vor ihnen stehend zusammen, kritisiert ihre Arbeit nicht sonderlich konstruktiv und schafft so ein Klima permanenter Spannung und Angst in den Redaktionsräumen. Auch wenn J. nicht anwesend ist, schwebt sein Geist in den Räumen.

P.P. und sein Stellvertreter geben den Druck von J. nach ihrer üblichen Methode direkt nach unten weiter. Das geht sogar soweit, dass sie in kindischer Art mit J. drohen, so als würde eine erziehungsunfähige Mutter ihrem Kind mit der Ankunft des Vaters drohen, der das Verhalten des Sprösslings schon zu sanktionieren wisse. Bei unserem Duo hört sich das dann so an: »Was glaubst du, was passiert, wenn J. das erfährt?« oder »Lass das bloß nicht J. wissen, der zerreißt dich in der Luft.« Konkret erlebe ich die Spielchen der beiden Männer an einem Herbsttag im Jahr 2000. Nachts hatten Rechtsradikale aus Bauholz ein Hakenkreuz geformt und an einem belebten Busbahnhof in Essen niedergelegt, in direkter Nähe zur alten Synagoge, nur wenige Meter von unserem Studio entfernt. Nachdem wir unsere Bilder gedreht und sie im Frühstücksfernsehen gelaufen sind, klingelt tags wieder mein Handy, und ich muss sofort und unter allen Umständen in der Redaktion erscheinen. Dort angekommen, erlebe ich einen süffisant grinsenden stellvertretenden Redaktionsleiter in einem seiner Anzüge, die er ständig trägt.

»Die Bilder waren ja ganz gut«, beginnt er, »aber ihr habt die Synagoge nicht gedreht. Alle Sender haben danach gefragt, und wir konnten es nicht liefern. Das ist blamabel. Ich bin gespannt, was J. dazu sagt, das gibt Ärger.« Und drohend fügt er hinzu: »J. weiß, dass die Synagoge nicht weit vom Tatort entfernt liegt, er hat schließlich jahrelang in Essen gewohnt.« Mal davon abgesehen, dass es mir völlig egal ist und war, wo J. irgendwann einmal gewohnt hat, erschreckt mich die KZ-Aufseher-Mentalität des »Stellv.« erheblich. Wie die meisten der Nazischergen versucht auch er, sich hinter dem starken Mann zu verstecken und ihm zu gefallen. So fühlt er sich gedeckt und sicher, unternimmt damit den Versuch, seine Ängste und Unsicherheiten zu kompensieren. Nicht nur mir fällt bei zahlreichen Gelegenheiten auf, dass er seine Position immer nach dem aktuell Stärkeren im Ring ausrichtet. Sein Mäntelchen flattert lustig im Wind dessen, der gerade bläst. Stellung beziehen, die eigene Meinung vertreten oder sich sogar für Kollegen einsetzen – das alles hat für den Stellvertreter keine Bedeutung. Er will nur durchkommen, wobei ihm das Gefühl des ewigen Zweiten nicht gerade hilft. J. gegenüber buckelt unser Freund fleißig, sitzt mit P.P. zusammen, beklagt sich über J.

Der Waffendeal

Niemand weiß bis heute, was im Kopf des Kollegen vorgegangen ist, der im Sommer des Jahres 2000 Opfer seiner eigenen Karrieresucht wird. RTL-Explosiv bestellt im Essener Studio ein Stück, das sich mit Waffen auf deutschen Schulhöfen beschäftigt. Das muss natürlich in Bilder umgesetzt werden. Und am besten (spektakulärsten) sind dabei Bilder von Jugendlichen oder Kindern, die auf dem Schulhof oder davor mit Waffen hantieren.

Darin sieht unser Explosiv-Mann in der Redaktion kein Problem. Ich bin zwar als Nachtredakteur nicht unmittelbar dabei, bekomme es aber abends brühwarm erzählt. Aus Mangel an bewaffneten Schülern besorgt sich unser Kollege selber zwei Gaspistolen, steckt sie ein und marschiert zu einer Essener Schule. Dort überredet er zwei Schüler, die Waffen in die Kamera zu halten, damit zu fuchteln und zu hantieren. Ein großzügiges Taschengeld hilft der Motivation der Jungs deutlich auf die Sprünge. Wenige Stunden später heißt es im TV, an Schule X in Essen sei das Tragen von Waffen unter Schülern völlig alltäglich.

Unangenehm nur, dass die Eltern der minderjährigen Schüler nicht vom Redakteur um eine Interviewerlaubnis gefragt wurden. Noch unangenehmer, dass der Rektor der betroffenen Schule diese Unwahrheit über die angebliche Waffenaffäre nicht auf sich und seinen Schülern sitzen lassen will und einen Anwalt einschaltet. Die Redaktion von »Explosiv« in Köln ist völlig überrascht. Nie hätte sie mit einem gefakten Bericht gerechnet. Hier geht man, zumindest bis zu diesem Zeitpunkt, davon aus, dass authentische Beiträge von den Außenstudios nach Köln überspielt werden.

Jetzt sind P. P., J. und der betreffende Kollege in Erklärungszwang und das machen sie äußerst raffiniert. Sie beschuldigen einfach einen anderen Kollegen, der nur am Rande mit der Recherche zu dem Beitrag beauftragt war. Was Andre im Rahmen dieser hinterhältigen Aktion erleben muss, ist nahezu unglaublich.

Weißt du, was das ist!?

J. fädelt den Coup durchaus mit Überlegung ein und bestellt Andre einige Tage, nachdem sich die Aufregung gelegt hat, in sein Büro nach Köln. Dort, so erzählt mir André später, hat J. ein Schriftstück, eine Art Geständnis, vorbereitet, dass Andre unterschreiben soll. »Diesen Schrieb«, so André später, »hatte angeblich auch der wirkliche Verursacher der Waffengeschichte unterschrieben.« Doch dem Kollegen ist sofort klar: Wenige Minuten nachdem er seine Unterschrift unter das Geständnis gesetzt hätte, wäre der vom wirklich schuldigen Kollegen vernichtet worden. Somit hätte André als einziger dagestanden, der geständig gewesen wäre.

Also weigert er sich, die Unterschrift zu leisten. Da platzt J. der Kragen. Mit Drohungen wie »das hälst du doch gar nicht aus, du bringst dich doch wegen so etwas um« will er den jungen Redakteur zu der dringend benötigten Unterschrift zwingen. Als auch das nichts nützt, greift J. plötzlich in eine Schublade. Völlig von Sinnen hält er dem geschockten Kollegen Bruchteile einer Sekunde später eine Pistole vor das Gesicht. Hysterisch schreit er: »Weißt du, was das ist, weißt du, was das ist?« Bleich vor Angst versucht André, aus dem Büro zu entkommen. J. schäumt, beruhigt sich aber schnell wieder und steckt die Waffe weg. Ich kann es kaum glauben, als der Kollege mir Wochen danach von dem denkwürdigen Ereignis erzählt. Zwar hat die Mehrheit der Belegschaft schon immer gewusst, dass J. gefährlich ist, aber an eine Bedrohung mit einer Waffe hätte niemand von uns zu denken gewagt. Nur mit Glück entgeht der Kollege damals der Attacke durch J.. Zu einer Anzeige gegen den Pistolenhelden ist es nicht gekommen, warum wird mir immer schleierhaft bleiben. Heute arbeitet der damals maßlos schockierte Kollege in einem völlig anderen Beruf und will verständlicherweise vom Journalismus nichts mehr wissen.

J. hingegen bleibt zunächst auf der Kommandobrücke bei CNC, obwohl er sich trotz seiner ungestümen und cholerischen Art mit Menschen umzugehen, bereits kurz nach der Waffengeschichte den nächsten Fehler leistet. Zu Beginn sieht alles normal aus, aber wenige Wochen später holt die Wahrheit J. wieder ein – und auch mich.

Olaf macht sie alle platt

Die Kameraleute, mit denen ich in den Nächten Dienst für RTL und andere Sender mache, stammen nicht von CNC, sondern gehören zu einem anderen Anbieter, der mit CNC kooperiert. Doch wie es so die Art von J. ist, kommt es auch zwischen diesen beiden Partnern bald zu Problemen und zu Auseinandersetzungen. Selbstverständlich ist der jeweils andere Schuld, und so kommt es, dass zwischen J. und dem externen Anbieter keine Zusammenarbeit mehr möglich ist. Also sucht J. eine neue Firma, mit der er seine Spielchen treiben kann. Er findet sie in Olaf Z., der gerade eine Newsnetwork eröffnet hat, aus Buxtehude in Norddeutschland stammt und irgendwann einmal bei RTL gearbeitet hat. Olaf ist Anfang zwanzig und voller Tatendrang. Hinzu kommt, dass er eine Menge Geld im Rücken haben muss, woher es auch immer stammen mag.

J. stellt mich irgendwann vor vollendete Tatsachen und teilt mir in einer Art Konferenz mit, dass ab sofort Olaf die Nachtgeschäfte übernimmt. Olaf selbst bietet mir einen festen Vertrag, ein Grundgehalt plus Provision an. Ich greife zu. Nur hat Olaf leider die Angewohnheit, nicht mit offenen Karten zu spielen. Sonst hätte er mir nicht verschwiegen, dass er in finanziellen Schwierigkeiten steckt, was mir die Mitarbeiterinnen seines kleinen Medienunternehmens in Buxtehude am Telefon bestätigen.

Olaf hält Absprachen nicht ein, zahlt seinen Kameramann nicht und ist seltsamerweise über Wochen hinweg nicht erreichbar. Der junge Mann, der eine Ausbildung bei dem britischen Wirtschaftssender Bloomberg-TV in London gemacht hat, scheint sich deutlich zu überschätzen. Seine Qualitäten, davon ist selbst J. eines Tages überzeugt, liegen eindeutig nicht im Bereich des Managements eines – wenn auch kleinen – Unternehmens. Olaf will das nicht wahr haben und reitet sich sowie uns immer tiefer in Schwierigkeiten. Ende November 2000 fehlt mein Gehalt auf meinem Konto. Nach Tagen erreiche ich Olaf telefonisch. Jovial verspricht er mir mein Geld, will es allerdings nicht überweisen, sondern durch einen Boten zu einer Raststätte kurz vor Bremen bringen lassen. Da ich keine andere Chance habe, an mein Geld zu kommen, willige ich ein, setze mich ins Auto und fahre bei Dunkelheit und strömendem Regen Richtung Norden. Erst nach viereinhalb Stunden bin ich wieder zu Hause. Ob das Geld, was ich erhalten habe, durch Olaf auf legalem oder illegalem Weg beschafft worden ist, weiß ich bis heute nicht. Den üblichen Geschäftssitten entsprechend ist es jedenfalls nicht zu mir gelangt. Sofort kündige ich meinen Arbeitsvertrag, packe meine Sachen und sage RTL und seinen bedenkenswerten Produktionspartnern in Essen Lebewohl.

Übrigens spricht von Olaf in der Branche heute kein Mensch mehr, J. hat vor wenigen Wochen erneut ein Medienunternehmen an die Wand gefahren und sitzt auf einem brüchigem Ast. Irgendwie und irgendwann haben sich diese Leute alle selbst erledigt. Vielleicht gibt es doch so etwas wie eine höhere Gerechtigkeit.

XII.

Superstar und Gehirnwäsche

Fun, fun bis das Hirn schrumpft

»Wir amüsieren uns zu Tode«, so lautete bereits in den 1980er Jahren der Titel eines soziologischen Werkes des amerikanischen Medienwissenschaftler Neil Postman (1931-2003), der darin den Zustand der damaligen Gesellschaft auf dem Sektor der Kreativität, der Bildung, der Eigeninitiative und des selbständigen Denkens aufzeigt. Schon damals war das Ergebnis der Studie eine Katastrophe. Der Autor prognostizierte der modernen westlichen Gesellschaft den sozialen Tod durch ein Übermaß an unreflektierter und kritiklos geschluckter Unterhaltung. Wir führen heutzutage ein Leben wie auf einem Jahrmarkt: bunt, laut, unüberschaubar und absolut oberflächlich. An der Spitze der Wertehierarchie steht Geld, das mit Macht und Anerkennung gleichgesetzt wird. Nur derjenige, der sich vorgegebenen inhaltslosen Mustern verhält, hat auch die Chance zum gesellschaftlichen Aufstieg, was sich in der Regel als völliger Blödsinn erweist. Tatsächlich besteht das Ziel darin, die Menschen zu konsumierenden, leeren, kritiklosen und willfährigen Wesen zu machen, sie letztendlich zu geistlosen Monstern, die lediglich kopieren, was ihnen vorgemacht wird.

Genau daran hat der Journalismus in Deutschland – und hier ganz besonders das Privatfernsehen – nicht unerheblichen Anteil. Sendungen wie »Deutschland sucht den Superstar«, »Big Brother« oder »Holt mich hier raus, ich bin ein Star!« haben die Grenzen des guten Geschmacks und die des kompletten Irrsinns schon lange überschritten. Niemand sollte hier im übrigen der Auffassung sein, die »Macher« bei den Sendern würden sich ihre eigenen Produkte auf der Mattscheibe ansehen. Sie wissen genau, dass das, was sie da bieten, Dreck ist, der fürs dumme TV-Volk gemacht ist, auf dass es noch blöder und damit noch mehr steuerbar werde. Elektronische Drogen für die Menschen sind gut gegen Kritikfähigkeit und damit politisches Aufbegehren. Die Römer nannten dieses Vorgehen »Brot und Spiele«, die TV-Macher haben andere Namen für ihre Shows, wollen aber genau das gleiche erreichen: eine nicht fragende, konsumierende Masse, deren Bedürfnisse nur noch auf die Befriedigung niederer Instinkte ausgerichtet ist. Sie wollen eine Spezies Mensch erzeugen, die ihr Geld ausgibt, sogar Kredite aufnimmt und sich dadurch ins Elend stürt, damit sie einem vorgegaukelten Ziel näher kommt, das sie sowieso niemals erreicht und statt dessen den sogenannten »Oberen Zehntausend« die Taschen füllt. Das ist ein Verhalten, das sich im Grunde gegenüber dem Rauschgiftsüchtiger in nichts unterscheidet. Immer stärker wird die Sucht nach noch härterem Stoff. Erst waren es vor 20 Jahren halbnackte Frauen bei den Privatsendern, die die Zuschauer lockten, dann Softpornos. Später wurde daraus die Voyeur-Show »Big Brother«, jetzt sitzen abgehalfterte »Stars« in einem Dschungel und lassen sich quälen, müssen ekelerregende »Prüfungen« über sich ergehen lassen und schüren beim Zuschauer damit nicht nur Voyeurismus, sondern auch sadistische Neigungen. Im zwanzigsten Jahr des Bestehens ist RTL wieder dort angelangt, wo es begann: im schmuddeligen Sumpf.

Hinzu kommt, dass die Zuschauer vielfach einer Täuschung innerhalb der Täuschung unterliegen. Besonders bei »Holt mich hier raus, ich bin ein Star!« wird das meines Erachtens deutlich. Nicht nur die Sendung besteht aus dem Vorgaukeln von Tatsachen (oder sind Sie tatsächlich der Meinung, alle dort gemachten Äußerungen seien spontan, und die »Stars«, die ja an Mikros und Kameras gewöhnt sind, würden irgendwann vergessen, dass sie stets und ständig gefilmt werden?), sondern das Vorgaukeln selbst findet vermutlich gar nicht dort statt, wo es laut TV-Sender stattfinden soll. Konkret stellt sich die Frage: Befinden sich die Mitspieler dieser grotesken Aufführung wirklich in einem Dschungel Australiens oder eher irgendwo in einem hergerichteten Fernsehstudio?

Viele Indizien sprechen dafür, dass die Sadisten-Show im Studio gedreht wird. Einige Fragen hätten RTL und die Teilnehmer dieses Schwachsinns schon beantworten müssen, haben es bislang aber nicht getan. Warum wohl? U. a. fragt sich jeder aufmerksame Zuschauer, warum es bei den Übertragungen der Bilder aus dem »Dschungel« den Geräuschen nach ständig wie aus Kannen regnet, aber keiner der Akteure nass ist. Warum verändert sich die Hautfarbe dieser Menschen innerhalb von Tagen nicht, wo doch im Januar in Australien heißer Sommer herrscht? Da müssten die Herren und Damen »Stars« in ihrer knappen Bekleidung doch irgendwann schön braun werden. Wieso scheint die Sonne in dem Gebiet immer so perfekt, dass der Lagerplatz wunderbar ausgeleuchtet ist? Und wie kann die Sonne scheinen, wenn es ständig regnet? Komischerweise müssen sich die Teilnehmer auch immer nur dann mit Ungeziefer herumplagen, wenn das zu den idiotischen Aufgaben gehört, die sie lösen müssen. In Wirklichkeit, so berichtet jeder, der einmal in Dschungelgefilden war, bringen einen dort Stechfliegen und anderes Getier fast zum Wahnsinn. Die »Stars« haben nicht einmal einen kleinen Mückenstich. Zudem sehen die Pflanzen in dem »Urwald« nicht nur immer gleich, sondern auch noch unecht grün aus. Sollten es am Ende Plastikblätter sein, die bei der Schatzsuche Herrn Kübelböcks durchs Mimosengesicht streifen? Und was ist mit dem überlauten Geschrei von Affen und Vögeln? Dummerweise hört man bei den Sendungen immer wieder die gleichen Tierstimmen, sieht aber nie einen der Urwaldbewohner. Hinzu kommt die Tatsache, dass auf der »Insel« mit einer Krankamera gedreht wird. Nämlich immer dann, wenn der Zuschauer von oben eine Draufsicht auf das Geschehen erhält. Eine Krankamera ist in ihrem Aufbau sehr aufwendig, wird in Stadien, Veranstaltungshallen und, na wo, genau – im Studio verwendet.

Das alles riecht sehr stark nach einem Fake, nach Verdummung der Zuschauer. Doch leider sind inzwischen viele derart

»infiziert«, dass sie diese eigentlich unübersehbaren Anzeichen einfach nicht mehr wahrnehmen. Das Hirn so mancher Leute ist unter dem permanenten Eindruck von Fun bereits geschrumpft. Damit haben die »Macher« ein erstes Ziel erreicht.

Hinter die Kulissen der Dschungelshow blicken auch Redakteure der Deutschen Presseagentur (DPA). Am 03. Februar 2004 veröffentlicht die Agentur einen Artikel, den ich hier im Wortlaut wiedergebe, weil er überaus entlarvend ist: »Experten zweifeln an Aalschleim – RTL: Fische schwitzen mehr Recklinghausen/Köln (dpa) – Der im »Dschungel-Camp« eimerweise über den Köpfen der Kandidaten ausgeschüttete Aalschleim ist nach Ansicht von Experten wohl nicht wirklich Aalschleim gewesen. Eine solche Menge Aalschleim zu gewinnen, sei eine teure Angelegenheit, meinte Volker Hilge von der Bundesforschungsanstalt für Fischerei in Hamburg. Auch der Fischereiexperte Heiner Klinger von der Landesanstalt für Ökologie, Bodenordnung und Forsten (LÖBF) in Recklinghausen meinte, die in der RTL-Sendung verwendete Substanz sei eher eine Art »Gelatine« gewesen. RTL-Sprecher Frank Rendez betonte dagegen: »Aalschleim ist Aalschleim. Den Fischen in Australien geht es wie den Menschen – sie schwitzen mehr.«

Fische als wechselwarme Tiere, deren Körpertemperatur sich der Umgebung anpassen, könnten gar nicht schwitzen, sagte Hilge. Zwar produzierten die sogenannten Becher-Drüsen unter der Haut tatsächlich Schleim zum Schutz vor Parasiten und Verletzungen, von einem mittelgroßen Aal könnten aber nur ungefähr 20 Gramm Schleim gewonnen werden. »Das ist eine aufwendige Angelegenheit, das kommt mir einigermaßen abstrus vor«, sagte Hilge weiter. Eine Gewinnung in größerem Ausmaß ist auch Klinger unbekannt.

Als Mutprobe eigne sich Aalschleim ohnehin nicht wirklich, meinte der Geschäftsführer des Landesfischereiverbandes NRW, Ernst Heddergott. »Für Außenstehende mag er etwas fischig riechen.« Er selbst finde die Substanz aber nicht ekelig. Es bedürfe einer enormen Zahl an Fischen, ehe die im »Dschungel-Camp« verbrauchte Menge zusammenkomme.«

Soweit der Artikel der DPA.

Bei RTL scheinen Volksverdummung und schlechte Recherche eine Symbiose eingegangen zu sein: eine Einheit, die im Boulevardjournalismus nicht mehr wegzudenken ist. Ist eine Sache nicht spannend, machen wir uns sie so, wie wir möchten. Tatsachen spielen dabei nur eine sehr nebensächliche Rolle. Und sollte ein Betroffener bei einer Geschichte einmal nicht mitmachen wollen, werden bei vielen Boulevardsendern- und zeitungen die übelsten Tricks angewandt, bis hin zum Scheckbuch. Wer das auch besonders gut kann, sind die Verantwortlichen von Pro7. Am 03. Februar 2004 ist einer ihrer Reporter in Neuss bei Düsseldorf unterwegs. Dort hat wenige Tage zuvor eine 13-Jährige ein Kind geboren, was für die Boulevardredaktionen eine Spitzengeschichte ist. Der Kollege soll Verwandte und Freunde des Mädchens, das sozial schwachen Verhältnissen entstammt, überreden, vor die Kamera zu gehen. An die kindliche Mutter kommt er nicht heran. Sie liegt noch im Krankenhaus und wird von der Öffentlichkeit abgeschirmt. Doch die Eltern und übrigen Verwandten der 13-Jährigen wollen nicht öffentlich über ihr Schicksal sprechen und weigern sich, vor die Kamera zu gehen. Der Reporter nimmt Kontakt mit seiner Redaktion in München auf und bekommt mächtig Druck. Es sei seine Aufgabe, die Leute dazu zu bewegen, sich zu äußern. Ralf, so soll er zu seinem eigenen Schutz hier genannt werden, bekommt vor Angst feuchte Hände. Die Anverwandten des Mädchens scheinen nicht gerade zimperlich zu sein, auch zu den Argumentationskünstlern zählen sie nicht unbedingt. Vielmehr vermitteln sie den Eindruck, ab einem bestimmten Punkt der Bedrängnis schlagartig zu handeln. Erneut telefoniert er mit der Redaktion und bekommt die Freigabe, den Leuten bis zu 3000 Euro zu bieten, damit sie ihm Rede und Antwort stehen.

Ob der Handel zustande gekommen ist oder nicht, ist dabei unerheblich. Tatsache ist, dass den deutschen Zuschauern und Lesern fast täglich gekaufte Berichte zugemutet werden. Das könnte man Journalismus in einem seiner schlimmsten Auswüchse nennen.

Bloß keine Nachrichten

»RTL 2 ist das einzige Haus mit einer Nachrichtensendung, die keine Nachrichten beinhaltet.«, sagte mir ein Kollege vor zwei Jahren so nebenbei, und das ist verblüffend richtig. Tatsächlich ist das, was der Tochtersender von RTL seinen Zuschauern täglich als Nachrichten präsentiert, nichts anderes als ein Abklatsch dessen, was in anderen RTL-Sendungen läuft. Von aktuellen und bedeutungsvollen Nachrichten ist man dort so weit entfernt wie Afrika vom Nordpol. Leider befindet sich RTL 2 dabei in bester Gesellschaft mit anderen Privatsendern wie Pro 7 u. ä. »Bloß keine Nachrichten« könnte der Wahlspruch solcher Sender lauten. Denn die würden dem Zuschauer ja die echten Probleme der Zeit darstellen, ihn zu allem Überfluss auch noch zum Denken anregen und vom Pfad des ewigen Vergnügens abbringen. Das käme dann noch so weit, dass ein Teil der Zuschauerschaft – vielleicht sogar die Mehrheit – sich die angebotenen Schwachsinnigkeiten nicht mehr ansehen würde, weil die Leute plötzlich Alternativen erkannt hätten. Das würde einen drastischen Rückgang der Einschaltquoten zur Folge haben, verbunden mit weniger Millionen und Milliarden in den Kassen der Sender und ihrer Besitzer. Da bleibt man doch lieber bei bedeutungslosen, seichten Beiträgen. »Die Welt ist schön, befasst euch nicht mit Problemen, das führt nur zu unschönen Erkenntnissen« lautet die Botschaft die in deutschen Wohnzimmer hineinschallt.

Und weil das so ist, legen die Sender auch immer weniger Wert auf eine fundierte Ausbildung ihrer Redakteure. Denn die sollen nicht aufklären, sondern – ganz im Gegenteil – das Weltbild der Menschen vernebeln.

Wozu eine Ausbildung?

Wie wir im Verlauf des Buches bereits einige Male gesehen haben, legen deutsche Zeitungen und TV-Sender, besonders die privaten, keinen gesteigerten Wert mehr auf eine solide Ausbildung ihrer Redakteure und Redakteurinnen. Das liegt zum einen daran, dass den Zuschauern einfach kein niveauvolles Fernsehen, das bildet und kritikfähig macht, geboten werden soll, dass die meisten Zeitungen kein Interesse mehr daran haben, ihre Leser über Hintergründe und Tatsachen aufzuklären und zum anderen am profitorientierten Denken der Wirtschaftsabteilungen in den Verlags- und Sendehäusern. Schon vor mehr als zehn Jahren bemerkte einmal ein altgedienter Kollege bei der NRZ zu mir: »Wir Redakteure sind nur noch dazu da, die Lücken zwischen den Anzeigen zu füllen.« Der Mann sollte recht behalten, denn heute laufen die meisten TV-Sendungen nur noch, um die Zuschauer zu locken, damit die Werbeminuten zu möglichst hohen Preisen verkauft werden können, denn die Zuschauerquoten und die Preise für die Werbung werden nicht am Zuseheraufkommen während der Werbeblöcke, sondern während der eigentlichen Sendung bemessen.

Zum anderen lassen sich Praktikanten, freie Mitarbeiter und Hospitanten viel billiger einsetzten als wirkliche Redakteure. Freie werden gering bezahlt und müssen zudem alle Versicherungskosten sowie die Steuern selber tragen. Praktikanten und Hospitanten erhalten in den meisten Fällen überhaupt kein Geld. So gesunden Verlage und Sender an zwei Fronten finanziell. Redakteure mit fundiertem Wissen, sicherem Auftreten, auch gegenüber den Vorgesetzen und kritischem Denken stören da nur. Mainstream, Massenorientierung und Meinungslosigkeit sind gefragt, nicht etwa aufklärender Journalismus, das Entwickeln von Alternativen oder gar deren Anwendung im eigenen Hause. So gesehen sind eine Ausbildung zum Redakteur, ein abgeschlossenes Studium und gereifte Persönlichkeiten Störelemente, die keiner aus den oberen Etagen sehen will. Im Grunde besteht für die Manager der Verlage und Sender kein Unterschied mehr zwischen Zeitung und Fernsehen oder rostigen Nägeln. Hauptsache, das Produkt wird möglichst teuer verkauft. Worum es sich dabei handelt, ist völlig egal.

Krieg macht Laune

Besonders Boulevardzeitungen und die Sender aus dem selben Genre laufen immer dann zu Hochform auf, wenn es darum geht, über Leid und Tod zu berichten. Da ist ein Krieg das Beste, was diesen Journalisten passieren kann. Ist er weit genug weg, muss man sich nicht um die Ängste der eigenen Bevölkerung kümmern und kann nach Herzenslust tendenziös berichten, die Wahrheit ins Gegenteil verkehren, der psychologischen Kriegsführung unserer »Freunde« frönen und den Deutschen erklären, wer der Gute und wer der Böse ist.

Ungeachtet aller politischen Probleme, die mit dem NATO-Angriff auf Jugoslawien verbunden waren, ungeachtet des fast unbeschreiblichen Leids der Zivilbevölkerung stürzen sich Ende der 1990-er Jahre diese Medien auf den in Europa tobenden Krieg.

Und nicht nur dort, sondern auch beim zweiten Golf-Krieg, den die Amerikaner 1991 gegen den Irak führen, stürzen sich die Medien per Film, Foto und Wort ins Schlachtgetümmel. Beim Krieg in Afghanistan und beim dritten Golf-Krieg, der noch immer andauert, ist es nicht anders.

Krieg macht eben Laune, wenn er nicht gerade bei uns stattfindet. Die Wahrheit, Hintergründe und Zusammenhänge spielen gar keine Rolle. Durch die jahrzehntelange Berieselung der Deutschen mit Westernfilmen, historisch verfälschten Ereignissen (Pearl Habour) und durch die von der militärischen Zensur ausgesuchten Bilder mit Lebensmittel verteilenden Soldaten (das kennen wir Deutsche nur zu gut und erinnern uns gern daran) werden die Menschen hierzulande indoktriniert. Ohne nachzudenken sollen sie wissen, auf wessen Seite wir zu stehen haben. Da helfen BILD und andere kräftig mit, z. B. indem sie nach den Anschlägen auf das WTC und dem Pentagon mit »100 Gründe, warum wir Amerika lieben« auf ihre Leser einhämmern. Und wenn die Verursacher der größten Anschläge in der Geschichte (wobei ich den Überfall Hitlers auf Polen für den noch immer größten und schlimmsten Anschlag der Weltgeschichte halte) in den USA selber zu suchen sind, was dann, liebe Kollegen von BILD, RTL und wie sie alle heißen mögen? Denn objektiv steht noch lange nicht fest, wer wirklich hinter dem 11. September steckt, doch dazu später mehr. Das kommt davon, wenn man von Geheimdiensten und Militärs gestreute und gesteuerte »Informationen« ungefragt verbreitet und als absolute Wahrheit verkauft. Denn niemand, der auch nur ein wenig seinen Verstand gebraucht, kommt auf die Idee, Bilder und Informationen aus einem Krieg seien unzensiert und nicht der Propaganda des jeweiligen Herausgebers unterworfen.

Kriege machen den Sendern und Blättern sogar soviel Spaß, dass sie Reporter auf Panzern mitfahren lassen, und Filme aus den Nachtcamps der tapferen Krieger zeigen, doch dafür lassen sie lieber die Bilder von zerschossenen Privathäusern und zerfetzten Kindern oder anderen Angehörigen der Bevölkerung weglassen. Reportagen über die Wahrheit des Krieges, die durchaus von Produktionsfirmen und einzelnen Reportern sowie Hilfsorganisationen angeboten werden, passen halt nicht ins gewollte Bild vom »sauberen« Krieg, den es nie gab und nie geben wird. Wo Menschen andere Menschen aufgrund eines Befehls von Politikern töten, kann es nicht sauber zugehen. Aber genau das versuchen die Boulevardmedien in Deutschland der Bevölkerung immer wieder einzutrichtern. Somit ist der Auftrag der Presse, objektiv und ausgewogen zu berichten, von den Angehörigen dieser Presse selbst in den Dreck geworfen und mit Füßen getreten worden.

Krieg ist journalistisch gesehen in Deutschland eben nichts anderes als ein Sandkastenspiel mit spektakulären Bildern, sozusagen »Rambo live«. Dass das Produkt eines Krieges Dreck, Blut, Leid und Tod sind, interessiert nicht. Krieg ist in den

Augen der angesprochenen Medien Unterhaltung. Der Zuschauer wird durch diese Art Berichterstattung nicht objektiv auf den neuesten Stand der Dinge gebracht, sondern ideologisch geprägt.

Es werden ganz nebenbei Ängste im eigenen Land geschürt. Greifen uns die Terroristen an? Sprengen sie unsere Bahnhöfe und Flughäfen in die Luft, weil wir die Freunde der Amerikaner sind? Angst verursacht im Menschen eine Haltung, die sich die Medienmacher und die dahinter stehenden Damen und Herren großer Politik sehnlichst wünschen. Angst macht stumm. Und Angst lässt im Menschen den Wunsch nach dem starken Mann aufkommen, der fürs Volk sorgt und es schützt. Nichts ist besser dazu geeignet, um diese Ängste zu verbreiten und zu manifestieren als Presse und Fernsehen. Das wissen Politiker und Medienmogule genau – und lassen es sich etwas kosten. So auch die Reise von RTL-Reporter Uli Klose, der offiziell als »embedded« (eingebetteter) Journalist bei den Amerikanern im Panzerverband mitfuhr. Einige Kollegen behaupten schon nach den ersten Bildern aus dem Irak, auf denen Uli zu sehen ist, dass es dort nicht mit rechten Dingen zugehen könne. Nie sehen wir den Reporter auf fahrenden Panzern, nie ist er von Schüssen an der Front umgeben wie zahlreiche seiner anderen Kollegen, nie sieht man eine wackelnde Kamera, weil der Kameramann keine Nerven aus Stahl hat (schon gar nicht Raoul, der mit Uli im Irak unterwegs war) und sich bei nahen Einschlägen erschreckt. Vielmehr steht Klose immer zwischen geparkten Panzern; auch gibt es keine Kriegsgeräusche und keine Schüsse. Manche Kollegen meinen, der Reporter befinde sich in der Nähe von Kuwait bei einer Reserveeinheit der US-Army, die auf ihren Einsatz wartet, aber nicht ins direkte Kriegsgeschehen eingebunden ist. Wenn es so ist, was soll den Zuschauern dann damit vermittelt werden? Etwa die Mär, ein von Amerikanern geführter Krieg sei nicht so schlimm wie andere blutige Auseinandersetzungen zwischen Staaten? Oder die Lüge, Krieg sei ein großes Abenteuer, bei dem man auch Spaß und gemütliche Ruhe haben könnte? Wie dem auch sei, fast alle Sender und Zeitungen in Deutschland liefern während des Feldzuges im Irak ein schiefes Bild vom Krieg ideologisch verquast und den Interessen der Angreifer angepasst. Wissenschaftler wollen sogar mit zunehmender Dauer des Krieges festgestellt haben, dass Journalisten, die zu Beginn der Auseinandersetzung der Sache kritisch gegenüberstanden, immer mehr auf die andere Seite überwechselten und sich zu Sprachrohren der Militärs machten.

Nur nicht denken

Das Denken wird nicht nur Zuschauern und Lesern permanent abgewöhnt, sondern auch den Journalisten in den Redaktionen. Für jeden Medienschaffenden gibt es in Deutschland zahlreiche ungeschriebene Gesetze, hausgemachte, versteht sich. An erster Stelle finden wir dort die Tatsache, dass aus den meisten Redaktionen nicht über Personen oder Institutionen berichtet werden darf, die dem Hause wirtschaftlich oder politisch schaden könnten. Denn allzu sehr sind oft Herausgeber, Verlags- und Sendermanager mit »Persönlichkeiten des öffentlichen Lebens« oder Parteien verbandelt. Oder wird eine gewisse Miriam Meckel (früher Moderatorin bei RTL-West) so ohne weiteres Sprecherin der Landesregierung NRW, und ein Herr Thoma, der ehemalige RTL-Manager, Medienberater von Wolfgang Clement, als dieser noch Landesvater in Nordrhein-Westfalen war?

Niemand sollte sich darüber hinwegtäuschen, dass er als Konsument solcher Medien mit dazu beiträgt, solche Zustände entstehen zu lassen. Gemeint sind Zustände, in denen die Presse ihrem Auftrag, Politik und Wirtschaft unvoreingenommen zu beobachten, gar nicht mehr nachkommen kann, weil personelle Strukturen derart geflochten sind, dass die Beobachter mit den zu Beobachtenden eine Symbiose eingehen – eine von wirtschaftlichen und politischen Interessen erfüllte unheilige Allianz.

Wenn sich auch nur ein Zuschauer oder Leser wegdreht und sich ganz und gar dem kritik- und damit gedankenlos hingibt, was ihm aufgetischt wird, trägt er dazu bei, dass sich solche Strukturen immer weiter verfestigen und sich die darin oben Schwimmenden immer sicherer fühlen. Die Menschen sollten keineswegs über die wahren Machenschaften aufgeklärt werden, damit sie nicht selbstständig denken. Das ist heute vielfach der selbst konstruierte, interne Auftrag vieler Medien.

Kritik am Werbepartner ist nicht

Private Sender (öffentlich-rechtliche zu einem großen Teil) und Zeitungen leben ausschließlich von ihren Werbeeinnahmen, die im Jahr mehrere Milliarden Gewinne ausmachen. Der reine Verkauf von Zeitungen und Zeitschriften an die Leser bringt höchstens die Produktionskosten wieder herein. Deswegen werden in den deutschen Medienhäusern Werbepartner ganz besonders freundlich behandelt. Dazu gehört, dass niemals kritisch über sie berichtet werden darf. Wenn ein Redakteur über einen Skandal in einer großen Firma berichten will, heißt es nicht selten von Seiten der Chefredaktion: »Vorsicht, das ist ein Werbepartner.« Und schon ist es vorbei mit der interessanten Story. Firmen wie Mineralölkonzerne, Reiseveranstalter, große Möbelhäuser oder Fast-Food-Ketten können sich in fast hundert Prozent aller Fälle sicher sein, dass nie kritisch über sie berichtet wird. Solange eine Zeitung oder ein Sender einen Werbepartner schützen kann, wird er es tun. Schon hier ist die so viel beschworene journalistische Freiheit ein für allemal gestorben.

Doch da sehen sich die Redaktionen in bester Partnerschaft mit den deutschen Sicherheitsbehörden. In meiner journalistischen Laufbahn habe ich mindestens dutzendmal von der Polizei keine Auskunft bekommen, wenn es darum ging, über Erpressungen an Kaufhaus- oder Lebensmittelketten zu berichten. Solche Erpressungen kommen fast täglich vor. Doch in den allerseltensten Fällen berichten die Medien darüber. Teils, weil sie selber ein Interesse am Schutz des Werbepartners haben: teils, weil den Sicherheitsbehörden mehr daran liegt, solchen Konzernen den wirtschaftlichen Erfolg nicht zu verderben, als die Bevölkerung über Gefahren zu informieren.

Ein ganz aktuelles Beispiel: Am 22. Januar 2004 gibt der Essener Konzern Karstadt-Quelle bekannt, mehr als 3000 Arbeitsplätze abbauen zu wollen. Die eigentliche Nachricht wird man in den beiden Essener Tageszeitungen NRZ und WAZ finden, nicht aber eine kritische Auseinandersetzung mit dem Arbeitsplatzabbau, möglichen Fehlern des Managements oder der Preisgestaltung. Genau in diesem Moment wird jeder Journalist vom kritischen Beobachter zum willfährigen Sprachrohr der Interessengruppen. Immerhin bietet Karstadt-Quelle auch eine ganze Reihe von Vergünstigungen für Journalisten. Was sind schon 3000 persönliche Schicksale gegen eine billige Waschmaschine? Da greifen Herr und Frau Journalist doch lieber zum gutgemeinten Angebot und machen sich dadurch – ohne Skrupel übrigens – zu Lobbyisten.

Doch diese Art von Zensur kennt bei Zeitungen und Sendern noch eine Schwester. Sie besteht aus der Arroganz, nicht negativ über sich selbst oder eigene Inhalte zu berichten, auch dann nicht, wenn der Vorgang vergleichsweise lapidar ist. Dazu noch ein aktuelles Beispiel: Am 27. Januar 2004 erfährt eine TV-Produktion in Nordrhein-Westfalen von einem in Deutschland – noch – ungewöhnlichen Zwischenfall. In einer Arztpraxis will ein Patient die zehn Euro Praxisgebühr nicht zahlen. Die Sprechstundenhilfe ruft die Polizei und teilt mit, der Patient randaliere. Er und der Arzt stünden sich drohend gegenüber. Nach kurzer Zeit treffen zwei Streifenwagen und ein Kameramann ein, der die Polizisten und den Patienten beim Verlassen der Praxis dreht. Wie der Zufall es will, handelt es sich bei dem vermeintlichen Randalierer (später soll sich herausstellen, dass überhaupt nicht randaliert wurde) um einen Amateurschauspieler, der beim TV-Sender RTL2 unter Vertrag steht. Elmar G. (35), vielen Zuschauern als »E.L.« aus der Dokusoap

»Der Millionär« bekannt, ist der »Bösewicht«. Sofort ist er zu einem Interview bereit, fährt mit dem Kameramann ins Studio. RTL »Explosiv« zeigt riesiges Interesse an der Sache und bittet das Kamerateam, noch einmal zu dem Arzt zu fahren, um ihn mit den Vorwürfen vor laufender Kamera zu konfrontieren. Gesagt, getan. Natürlich werden die Journalisten durch den Arzt des Hauses verwiesen, womit »Explosiv« gerechnet hat, denn das rückt den Mediziner erst recht ins Zwielicht, was die Geschichte aus Sicht der Kollegen beim Sender noch interessanter macht.

Doch mitten im Dreh kommt plötzlich ein Anruf aus Köln. Man wolle die Story nicht mehr, weil die Chefetagen von RTL und RTL2 der Ansicht seien, sie schade dem Sender mehr, als sie nütze. Offenbar fürchten die Damen und Herren, die Wahrheit könne ihnen allzu nahe auf den Pelz rücken. Denn im Interview erzählt »E.L.«, dass er in Wirklichkeit arbeitsloser Dachdecker sei. Und für den Auftritt als falscher Millionär in Südafrika, in den sich fremde Frauen verlieben sollen, hat er nach eigenen Angaben nur 1300 Euro brutto bekommen. Dennoch träumt der arme Mann weiter von einer Fernsehkarriere. So ist das mit der Wahrheit. Sie soll nur dann verbreitet werden, wenn sie gewissen Leuten in den Kram passt. Von Aufklärung des Zuschauers über real geschehene Dinge kann wohl hier nicht die Rede sein. Denn wer hätte im Traum daran gedacht, dass ein Hauptdarsteller bei RTL2 mit lediglich 1300 Euro brutto für seine Arbeit »entlohnt« wird. Hier wird der ausbeuterische Charakter privater Medienbetriebe überdeutlich. Das will man der Öffentlichkeit lieber verschweigen. Verschweigen will RTL seinen Zuschauern auch, was die Umweltschutzorganisation Greenpeace am 23. Juni 2004 in der Kölner Innenstadt macht. Die Umweltaktivisten haben vor dem Dom und auf dem Rudolfplatz lebensgroße Kühe aus Holz aufgestellt, die das Symbol eines Herstellers von Milcherzeugnissen aus Aretsried im Allgäu zieren. Der Hersteller mit dem Allerweltsnamen soll laut Greenpeace Milch von Kühen verarbeiten, die genmanipuliertes Futter erhalten haben. Einige Kollegen und ich drehen das Ereignis, und ich biete die Bilder – sogar kostenlos – der Redaktion von RTL »Punkt 12« an. Die Antwort einer Redaktions-Kollegin, mit der ich selber zusammengearbeitet habe, ist voller Wut und Wahrheit. »Wenn es gegen den Milchriesen geht, bin ich persönlich immer dabei, zumal das ein Rechtsradikaler ist«, sagt sie am Telefon, »aber ich darf die Bilder nicht zeigen, weil die Firma aus dem Allgäu ein großer Werbepartner von RTL ist. Ich habe da schon mal Schwierigkeiten gehabt.«

So werden die RTL-Zuschauer nicht deshalb von dem Ereignis nicht unterrichtet, weil es untauglich gewesen ist, sondern weil der Milcherzeugnishersteller aus Bayern seine Werbung zurückziehen könnte. Das ist Zensur, wie sie schlimmer und aus niedriegeren Beweggründen nicht erfolgen kann. Alles journalistische Freiheit, oder was?

Koksen, Klauen, Bullen ärgern

Wer beim Westdeutschen Rundfunk (WDR) oder den Privatsendern in den Nachrichten Bilder von Unfällen, Morden oder Katastrophen sieht, kann sicher sein, dass darunter auch Filmmaterial eines Mannes ist, der seit Jahrzehnten als »Blaulichtkameramann« in Nordrhein-Westfalen unterwegs ist. Ausgestattet mit Informanten und Scannern, verbringt er fast Tag und Nacht in seinem Auto an einer Tankstelle. Hört er über den Polizeifunk etwas Interessantes, rast er mit weit überhöhter Geschwindigkeit und unter Missachtung fast aller Verkehrsregeln zum Tatort.

Werner, so will ich ihn hier nennen, ist bei der gesamten Polizei in NRW bekannt und äußerst unbeliebt. Ständig legt er sich mit den Beamten vor Ort an, schreit, zetert und tobt. Im Kollegenkreis wird behauptet, Werner schnupfe gewohnheitsmäßig seit Jahren Kokain. Auch beim Klauen wurde er schon von Konkurrenten gefilmt. Bei einem nächtlichen Unfall auf der Autobahn, wo ein mit Milchreisbechern beladener Laster verunglückt war, schob Werner in aller Seelenruhe die heil gebliebene Ware gleich kistenweise in sein Auto und fuhr davon. Am anderen Tag bekam der Kameramann Besuch von der Polizei.

Dabei hatte für Werner vor langer Zeit alles positiv begonnen. In der Sendung »WWF-Club« mimte er beim WDR einen Roboter, war zuvor Jongleur im Zirkus und geriet nach seiner WDR-Zeit an RTL, wo er im Essener Studio arbeitete und weit über 10.000 Mark monatlich verdiente.

Inzwischen ist er schwer verschuldet, leidet unter seiner Spielsucht und hat keinen Führerschein mehr. Noch immer – und das im Alter von 56 Jahren – dreht Werner blutige Bilder von Unfällen, Morden und Katastrophen. Auch er ist vielmehr Opfer als Täter. Mal arbeitet er für J. bei CNC, mal für andere Sender. Werner hat sich zu einem Tagelöhner entwickelt, der darauf angewiesen ist, dass anderen Menschen etwas zustößt, damit er seinen Lebensunterhalt verdienen kann: armselig, schwach und im wahrsten Sinne des Wortes pervers. Irgendwann verriet Werner eine Aktion der Polizei gegen Drogendealer den Rundfunknachrichten beim WDR. Die Gangster hörten die Nachrichten und flüchteten, bevor die Polizei eintraf. Damit hatte Werner aus Profitgier Verbrechern freien Lauf gelassen.

Mit ihm zusammen ziehen zwei, drei weitere dunkle Gestalten mit einer Kamera durch das Land. Sie gehören zu Werner, sind ärmlich gekleidet und verhalten sich an den Einsatzorten wie Geier. Oft sind sie eher oder zumindest gleichzeitig mit Polizei und Feuerwehr am Ort des Geschehens, was immer wieder den Verdacht mancher Ordnungshüter erregt. Ein befreundeter Kripobeamter sagte mir einmal: »Ich bin davon überzeigt, dass Werner mehrere Brände gelegt hat, um als erster an die Bilder zu kommen. Ich kann es ihm nur nicht beweisen.«

BILD und Möllemann

Sie haben ihn gejagt, diffamiert und immer wieder mit Antisemitismus in Zusammenhang gebracht. Die wie von unsichtbarer Hand geleiteten höheren Redakteure bei BILD lassen an dem ehemaligen Vize-Bundeskanzler Jürgen W. Möllemann kein gutes Haar mehr, seitdem er in einem Flugblatt, genannt »der Flyer«, die israelische Palästinenserpolitik unter Ariel Sharon scharf kritisiert und BILD-Liebling Michel Friedman darin arrogant nennt. Das grenzt für das Massenblatt an Majestätsbeleidigung, und Möllemann wird zum Feind Nummer eins der Zeitung. Mehrmals wöchentlich versuchen das Boulevardblatt und andere Zeitungen scheinbare Einzelheiten aus dem Leben und Wirken des Politikers zu veröffentlichen. Da werden angebliche Freunde zitiert, Nachbarn belästigt, und Horden von Journalisten lassen das Haus der Familie in Münster nicht mehr aus den Augen.

Kurz nach Veröffentlichung des umstrittenen Flyers wird in Jerusalem der Repräsentant der dortigen Filiale der Friedrich-Naumann-Stiftung, einer FDP-nahen Bildungsstiftung, morgens von der Polizei besucht. In rüdem Ton teilt man ihm mit, dass eine Hausdurchsuchung angeordnet sei und beginnt gleich mit dem unangenehmen Treiben. Schließlich wird der Mann unter dem Vorwurf, er sei in Anschlagspläne verwickelt, festgenommen. Den Grund dafür finden die israelischen Polizisten in Stadtplänen von Jerusalem, die im Büro des FDP-Mannes liegen. Ein geradezu lächerlich konstruierter Verdacht. Somit müssten alle Bewohner Israels, die Stadtpläne in ihren Häusern haben, potenzielle Terroristen sein. Unter diesen fadenscheinigen Begründungen wird der Politiker über Stunden hinweg gefangengehalten. Erst als die FDP von Deutschland aus interveniert, kommt er wieder frei. Kurz darauf wird die Nachricht durch die DPA in Deutschland verbreitet. In der BILD-Zeitung sucht man sie am nächsten Tag vergeblich.

Tage später telefoniere ich mit Jürgen Möllemann und komme auch auf die Sache in Jerusalem zu sprechen. Für ihn ist sofort klar, wer dahinter steckt. »Das war ein Mossad-Ding«, sagt er mir, »die haben den Vorwurf konstruiert.« Auch darüber findet der deutsche Zeitungsleser und Fernsehzuschauer nicht eine Silbe, dafür aber massenhaft Artikel und

Fotos über diejenigen, die Möllemann ob seiner Israelpolitik nicht nur schelten, sondern persönlich bis unter die Gürtellinie angreifen. Von ausgewogener Berichterstattung weit entfernt, stellt allen voran BILD den Münsteraner Bundespolitiker in die antisemitische Ecke. Obwohl Möllemann noch am Tag der vergangenen Bundestagswahl im September 2002 nach seiner Stimmabgabe in einem Interview klarstellte, was er wirklich mit dem Inhalt des Flyers bezweckte. Sharon, so Möllemann, verstoße regelmäßig gegen fünf UN-Resolutionen in Bezug auf Palästina und nichts werde dagegen unternommen. Hussein hingegen habe gegen eine Resolution verstoßen und werde deswegen mit Krieg überzogen. Hier könne von Gleichheit und Gerechtigkeit nicht mehr die Rede sein.

Die Falken in den Verlagshäusern aber lassen nicht locker und finden in der Aussetzung der Immunität Möllemanns durch den Deutschen Bundestag und in den bevorstehenden Durchsuchungen seiner Wohnungen und Büros im Juni 2003 geradezu ein Festmahl.

Ich komme zusammen mit einem Kollegen an diesem Freitagmittag gerade aus Duisburg, wo das BKA mal wieder Wohnungen nach Beweismaterial gegen angebliche islamistische Terrorhelfer durchsucht hat, als unser Telefon im Auto klingelt. Am anderen Ende ist einer unserer Kameraleute mit einer schier unglaublichen Nachricht. »Möllemann ist beim Fallschirmspringen abgestürzt!« schreit er in den Hörer, »ihr müsst sofort nach Marl!« Gut 25 Minuten später erreichen wir den kleinen Flugplatz, von dem aus die Maschine mit Möllemann und acht weiteren Springern gestartet war. Ein Bild des Grauens bietet die Wiese neben dem Flugplatztower. Hunderte von Schaulustigen, Polizisten und Feuerwehrleuten sind dort. Etwa in der Mitte des Geländes, das mit rot-weißem Flatterband von der Polizei abgesperrt worden ist, stehen Männer der Essener Kripo um ein weißes Tuch, unter dem sich der zerschmetterte Körper von Möllemann befindet. Spuren werden gesucht und aufgenommen, Journalisten machen ihre Bilder und befragen Augenzeugen. Und jeden hier am Ort bewegt die

Frage: Hat Möllemann Selbstmord begangen, war es ein Unfall oder war es Mord?

Der leitende Oberstaatsanwalt Wolfgang Reinicke, der die Ermittlungen übernommen hat, kommt nach der Obduktion zu dem Schluss, dass Jürgen W. Möllemann entweder Opfer eines Unfalls wurde oder sich selber umbrachte. »Für einen Mord«, so Reinicke auf einer Pressekonferenz, »gibt es keine Anhaltspunkte.«

Für die Damen und Herren der Boulevardpresse steht praktisch gleich nach dem Absturz fest, dass der Politiker Suizid begangen hat. Abzuwartende Ermittlungsergebnisse interessieren sie anscheinend nicht. Sie drehen die Geschichte so, dass Möllemann den Druck der eigenen Schuld nicht mehr ertragen konnte und den Freitod wählte: ein Tod – was und wer auch immer dahinter stecken mag –, an dem sie letztendlich nicht ganz unschuldig sind, denn es ist natürlich durchaus möglich, dass Möllemann sich umbrachte. Dann aber auch, weil in der Presse gnadenlos gegen ihn gehetzt wurde.

Der gute Herr F.

Ganz anders geht Deutschlands größte Tageszeitung da schon mit einem gewissen Herrn F. aus Frankfurt/Main um, der wenige Wochen nach dem Tode Möllemanns die Schlagzeilen beherrscht. Der von Jürgen Möllemann als arrogant titulierte Mann taucht plötzlich im Zusammenhang mit Kokain, Callgirls und dunklen Gestalten auf. Schließlich wird nachgewiesen, dass »Paolo Pinkel«, Politiker und Fernsehmoderator, selber Kokain konsumiert hat. Er verschwindet zunächst in der Versenkung, wird von dort – vorsichtig dosiert – durch BILD aber immer wieder der deutschen Öffentlichkeit präsentiert. »Wo ist er da hineingeraten« lautet eine Schlagzeile, die die völlige Unschuld des Mannes an seinem Tun suggerieren soll. Dann wird gefragt, ob irgendwelche Unbekannten ihn reinlegen wollen. Irgendwann veröffentlicht das Blatt Fotos von Herrn F. in einem Hotel in

Venedig, wo er mit Freunden sitzt und sein Elend beklagt. Selbstverständlich sind die Fotos rein »zufällig« entstanden. Es wäre eine Posse, wenn man dabei denken würde, dass Herr F. den Fotografen vielleicht bestellt haben könnte. Unter kräftigstem Mühen versucht BILD über Wochen hinweg, den prominenten Kokser reinzuwaschen und zu rehabilitieren. Dahinter stehen offensichtliche gute Freunde im Hause Springer, die wiederum gute Freunde in den Kreisen von Herrn F. haben. Der hat natürlich auch so seine Freunde, die den Freunden im Verlag dann und wann freundschaftlich unter die Arme greifen. Der sichtbare Teil einer verkommenen Gesellschaft (mit der sich Dieter J. Haase, Autor von »006 – der Spion, der sich liebte«, demnächst in einem ganzen Buch befassen wird) interagiert hier ohne Scham und Skrupel.

Die deutsche Öffentlichkeit gilt diesen Leuten lediglich als manipulierbare Masse, die stets »auf Linie« gehalten werden muss, damit die »Freunde« so weitermachen können wie bisher.

Ein Chefredakteur muss gehen

In der deutschen Öffentlichkeit wird die Meldung, die am 24. Juni 2003 in »Spiegel-online« steht, kaum eine Reaktion hervorgerufen haben. Innerhalb der Branche jedoch sorgt sie für einigen Zündstoff und die brennende Frage, warum der Mann denn wirklich gehen muss. Der Mann, ist B.Z.-Chefredakteur Gerd Gafron (49), seit 2001 bei der Zeitung im Amt. Laut »Spiegel« stellt er eines Abends in der Redaktion unerwartet sechs Flaschen Schampus auf den Tisch und gibt seine Demission bekannt, damit die Kollegen seinen Abgang nicht durch die Konkurrenz erfahren.

Gafron, der sich der Öffentlichkeit im Blatt häufig durch markige Sprüche mitteilte, gibt für seinen Rückzug keine befriedigende Erklärung. Auch der Axel-Springer-Verlag, so der »Spiegel«, bleibt eine schlüssige Begründung schuldig. Abgesehen von den üblichen Lobhudeleien (unter Gafron habe die B.Z. ihr Betriebsergebnis in schwierigem Umfeld fast verdoppelt) wird der Erkenntnissbedarf nicht gedeckt. Es heißt, dass lediglich der Aufsichtsrat der Enthebung Gafrons von seinem Posten noch zustimmen müsse. Das ist ein Indiz dafür, dass die Entscheidung um den Kopf des Chefredakteurs in aller Eile gefallen sein muss.

Wer oder was tatsächlich dahinter steckt, lauert noch im Verborgenen. Einen Hinweis bekomme ich einige Tage später im Gespräch mit einem Kollegen von einer bedeutenden deutschen Illustrierten. Er eröffnet mir, hinter vorgehaltener Hand erzähle man sich, Gafron müsse deswegen gehen, weil sein Name im Zusammenhang mit einer ominösen Person genannt worden sei. Das sei ruchbar geworden, und man habe im Hause Springer schnell reagieren müssen. Kurz darauf erfolgt das Dementi des Illustrierten-Kollegen. An der Sache sei nichts dran, und man müsse sie schleunig vergessen, weil der Vorwurf aus der Luft gegriffen sei, aber er habe ja schließlich auch nur gehört, dass...

Das Verhalten des Kollegen ist das beste Beispiel dafür, wie sich Journalisten in Deutschland gegenseitig das Wasser abgraben. Da wirft man mal so ganz nebenbei ein Gerücht in die Runde, wobei sich der Werfer der Bedeutung seine Aussage durchaus bewußt ist, und diskriminiert einen Konkurrenten. B.Z.-Mann Gafron, der 1977 im Kofferraum eines Autos aus der DDR flüchtete und dort mal als Drucker, mal als Küster tätig war, ist nicht jedermanns Freund. Das heißt aber nicht, dass er – aus welchen Gründen auch immer – mit Dreck beworfen werden kann. Hier zeigt sich deutlich: Die Großkopferten im deutschen Journalismus belauern sich gegenseitig, und zeigt einer in der Schlangengrube auch nur ein wenig Schwäche oder einen angreifbaren Punkt, ist er gnadenlos dran und wird von seinen Artgenossen zerrissen.

XIII.

Exkurs: Deutsche Journalisten und der 11. September

US-Einfluß

Über die Terroranschläge vom 11. September 2001 in den USA sind inzwischen Massen an Büchern erschienen. Die meisten von ihnen beschäftigen sich dankenswerterweise kritisch mit dem, was der Öffentlichkeit über Jahre hinweg als realer Tathergang und als reale Täter präsentiert wird. Und auch hier spielen Presse und Fernsehen eine sehr wichtige Rolle, wenn es darum geht, die Völker »auf Linie« zu trimmen. Hier machten und machen sich noch immer Journalisten zu Gehilfen von Geheimdiensten, indem sie deren Desinformationskampagnen mit Leben füllen und die Interessen eines demokratischen Volkes und Staates an aufklärendem Journalismus den Interessen kleiner Machtgruppen unterwerfen.

So sollte niemand den enormen Einfluß amerikanischer Interessen auch auf den deutschen Journalismus, unterschätzen. Angebliche Geheiminformationen, gestreut von der CIA und dem BND, werden an zuverlässige Leute in den TV- und Zeitungshäusern weitergegeben, was die »Auserwählten« nicht nur ziemlich stolz macht. Sie veröffentlichen diese »Informationen« auch noch und belügen die Öffentlichkeit damit. Im Fall des 11. September trieb und treibt diese Art von Informationspolitik bis dahin nicht gekannte Blüten. Die höchsten und abgeschottetsten Kreise in den USA haben ein existentielles Interesse daran, auch die deutsche Bevölkerung auf der Linie der offiziellen Erzählungen über die Geschehnisse zu halten. Denn die Wahrheit scheint ganz woanders als im Irak, in

Afghanistan oder im Iran zu liegen. Nicht wenige Autoren sind der Meinung, sie liege sozusagen direkt vor der Haustür von George W. Bush und seinen Helfershelfern.

Ganz gleich, wie deutlich die Wahrheit – wenn auch nur in Bruchstücken – ans Tageslicht kommt, die allermeisten deutschen Medien übersehen sie geflissentlich und verbreiten weiterhin Halbwahrheiten und Ungereimtheiten, ohne mit der Wimper zu zucken. Mit dabei ist natürlich auch Deutschlands größte Tageszeitung. In der letzten Januarwoche 2004 haben die Jungs und Mädels aus Hamburg mal wieder einen Leckerbissen für ihre Leser – direkt aus den USA.

Der Artikel handelt von angeblichen Tonbandprotokollen über ein Gespräch einer Stewardess, die während der Entführung des Fluges AA 011, der in einen der WTC-Türme krachte, Kontakt zur Bodenkontrolle gehabt haben soll. BILD wartet mit markigen Zitaten aus dem Gespräch auf und erklärt, Betty, die Stewardess, habe sogar gewußt, auf welchen Sitzen die Entführer Platz genommen hatten (Sitz 8D Mohammed Atta). Andererseits aber sagt Betty angeblich »ich glaube, wir werden entführt«, hat aber vorher im Gespräch die Attentäter bereits identifiziert. Zudem soll sie laut BILD 26 Minuten lang »am Funk« gewesen sein. Jeder, der sich auch nur gering mit Flugzeugen auskennt, weiß, dass die Kabinenbesatzung überhaupt keine Möglichkeit zum Funken hat, sondern nur die Piloten in der Kanzel. So muss die Frau also im Cockpit gewesen sein, gibt aber an, sie könne das Cockpit nicht sehen und fragt sogar Passagiere, ob sie dorthin durchkommen könnten. Dann erwähnt sie mehrfach ein ominöses Gas, von dem offiziell noch nie die Rede war, in Verbindung mit den Worten »keiner kann atmen«. Dieses Gas soll in der von den amerikanischen Behörden freigegeben Aufzeichnung durch die Stewardess nicht erwähnt werden. Hat BILD hier die ohnehin schon unglaubwürdigen Protokolle etwa noch »verfeinert« und etwas hinzugesetzt? Unmöglich wäre das nicht. So befindet sich Betty in der behördlichen Version auch nicht am Funk, sondern am Telefon. Es ist gut möglich, dass irgendwer bei BILD über die Urfassung der Behördenversion verfügte und sie ungeprüft veröffentlichte, während die Strategen in den USA noch an dem »Gesprächsprotokoll« herumfeilten. Es mag ihnen die Geschichte mit dem Gas und dem Funk nun doch zu unglaubwürdig erschienen sein, so dass sie das Gas herausließen und den Funk durch ein Telefon ersetzten.

Jedoch ergeben sich auch hier wieder Fragen, die zu stellen es die Pflicht eines jeden Journalisten ist, bei BILD aber nicht in Betracht kommt. Ob Betty nun am Funk oder am Telefon war, ist dabei völlig unerheblich. Die Frage, die sich jeder normal denkende Mensch stellt, ist: Wie kann eine Stewardess, von den Tätern unbemerkt, 26 Minuten lang mit der Bodenkontrolle kommunizieren? Die Sache wird noch mysteriöser, wenn man bedenkt, dass die Entführer kurz zuvor zwei Stewards erstochen haben. Auch das teilt Betty laut BILD der Bodenkontrolle mit. Zudem stellt sich die Frage, wie die Frau vom Tod ihrer Kollegen (die in der 1. Klasse arbeiteten) wissen konnte, wenn sie den vorderen Bereich der Maschine nicht einmal einsehen konnte. Exakt beschreibt sie in dem BILD-Artikel auch die Todesart. »Sie wurden erstochen.« Nun, wer hat denn eigentlich den Tod festgestellt? Denn auch schwer verletzte Menschen, die bewußtlos sind, machen auf den Laien – zumal bei großer Hektik – den Eindruck eines Toten. Betty muss über bemerkenswerte medizinische Kenntnisse verfügen, die sie sogar zielsicher zur Ferndiagnose einsetzen kann. Und noch so eine Kuriosität: Seit Jahren wird uns erzählt, die Entführer seien mit Teppichmessern bewaffnet gewesen. Wie können die Täter damit eigentlich zwei Menschen erstochen haben? Mit Teppichmessern kann man durchaus schwere Verletzungen erzeugen, aber niemanden erstechen, weil die Form der Messer ein solches Vorgehen verhindert.

All diese wichtigen und drängenden Fragen stellt BILD nicht und macht sich damit gewollt zum Handlanger derer, die uns noch immer eine höchstwahrscheinlich erfundene Story über den 11. September servieren.

Es gibt noch Ausnahmen

Es gibt sie noch, die Menschen, die ihren Beruf als Journalist ernst nehmen und versuchen, der Öffentlichkeit die Wahrheit über wichtige Ereignisse zu vermitteln: Autoren und Redakteure, die es als ihre Pflicht ansehen, Hintergründe zu erforschen und ans Tageslicht zu bringen. Dazu zählen bezüglich des 11. September in Deutschland vor allem Wolfgang Eggert, Matthias Bröckers, Gerhard Wisnewski und Andreas von Bülow. Sie alle setzen sich in ihren Büchern kritisch mit den Darstellungen der Geschehnisse von offizieller Seite auseinander und listen die offenen Fragen peinlich genau auf.

Damit haben diese Männer einen Schritt gewagt, der anderen ganz und gar nicht paßt. Die Folge sind Arbeitsverbote beim WDR (Wisnewski), Verunglimpfungen vor laufender Kamera (von Bülow) und Beleidigungen auch in so angesehenen Blättern wie »Süddeutsche Zeitung« oder »Spiegel«. Unisono werden die Autoren als Spinner, Verschwörungstheoretiker und unverbesserliche Nörgler hingestellt – eine Strategie, die sicherlich nicht von kleinen Redakteuren, sondern in den höchsten Etagen der Sender und Verlagshäuser erdacht worden ist. Gebetsmühlenartig wird von diesen Journalisten wiederholt, was die offizielle Version vorschreibt. Islamistische Attentäter haben die Verbrechen im Auftrag Osama Bin Ladens ausgeführt, der wiederum mit Hussein unter einer Decke steckt. Wer daran rüttelt und herausfindet, dass die offizielle Darstellung der Dinge nicht stimmen kann, wird als Brunnenvergifter oder sogar Helfershelfer der Terroristen behandelt. Weil nicht sein kann, was nicht sein darf.

Der Mainstream

Der von den Medien in Deutschland vertretene und verbreitete Mainstream (zu Deutsch: Hauptströmung) in Sachen 11.9. sieht, kurz zusammengefaßt, so aus: Bin Laden heckt zusammen mit anderen Islamisten in einem fernen Land einen teuflischen Plan aus, mit dem er Tausende von Menschen in den USA das Leben nehmen will. Nach längerem Hin und Her einigen sich die Männer in einer afghanischen Höhle darüber, wie sie den Massenmord begehen wollen. Sie schicken 19 Getreue zum Teil nach Deutschland (warum eigentlich?) und dann in amerikanische Flugschulen, weil es offenbar in Deutschland keine gibt. Die Schüler erweisen sich als fliegerisch hoffnungslose Nullen und wollen in kleinen Sportmaschinen das Fliegen großer Reiseflugzeuge erlernen. Schließlich kriegen sie das irgendwie hin, denn sie kapern insgesamt vier Flugzeuge und steuern sie gekonnt in das World-Trade-Center und ins Pentagon. Nur in der Maschine, die ins Weiße Haus donnern soll, geht aus Sicht der Entführer etwas schief, denn sie stürzt im Staat Pennsylvania nahe des Städtchens Shanksville ab.

Wenige Stunden nach den Attentaten zaubern die Ermittler Fotos von den Attentätern hervor, stellen sie der Öffentlichkeit vor und behaupten, alle seien tot. Somit ist der Fall um den sensationellen Terroranschlag geklärt. Wochen und Monate später schickt Herr Bush Truppen zu den »Schurkenstaaten« Afghanistan und Irak, bombt dort alles kaputt und nennt dieses Vorgehen »Krieg gegen den Terror«. Soweit die offizielle Darstellung der Ereignisse in Kurzform.

Nun gibt es aber viele Menschen in Deutschland, den USA und anderen Ländern, die immer mehr Lücken, Lügen und Halbwahrheiten an der offiziellen Darstellung erkennen und sie auch öffentlich genannt haben wollen. Das sind Leute, die den Verbreitern der offiziellen Version überhaupt nicht in den Kram passen, weil sie den glatten Lauf der Dinge, der durch Geheimdienste und Regierungsinteressen geebnet wird, einen dicken Strich durch die Rechnung machen. Die Wahrheit ist manchmal schwer zu verkraften, und so unterlassen die Herren und Damen Journalisten in Deutschland das kritische Hinterfragen. Wer immer schön auf der Linie des starken Mannes bleibt, dem kann nichts passieren.

Selbst einst so angesehene Blätter wie »Spiegel«, »Stern« oder »Die Zeit« und die »Süddeutsche Zeitung« unterlassen es im Fall des 11.9. permanent, ihrer journalistischen Sorgfaltspflicht nachzukommen und nehmen als gegeben hin, was ihnen aus den USA und den deutschen Sicherheitsbehörden in den Computer diktiert wird. Wenn der Grund dafür die heute mangelhafte Ausbildung der Journalisten ist, wäre das schon schlimm genug. Vielmehr scheint in diesem Fall System dahinter zu stecken. Allein die Tatsache, dass angeblich 19 tote Entführer auf Fahndungsplakaten zu sehen sind, müsste für Journalisten Anlaß genug zu einer Menge bohrender Fragen sein weil die Fahndung nach Toten in sich völlig unlogisch ist. In diesem Zusammenhang ist die Lektüre des Buches »Fakten, Fälschungen und die unterdrückten Beweise des 11.9.« von Matthias Bröckers wärmstens zu empfehlen.

Das Gros der deutschen Medien hat bis heute nicht einmal den Versuch einer Alternative zu den offiziellen Darstellungen unternommen, nie hinterfragt und schon gar nicht kritisch kommentiert. Vielmehr scheint man der Auffassung zu sein, dass man durch dauerndes Wiederholen nur einer Möglichkeit die anderen automatisch negieren könne. Und tatsächlich geht die Rechnung auf, klappt die Gehirnwäsche der Deutschen. Und da manifestiert sich, getreu dem Motto: Was wir nicht berichten, ist auch nicht geschehen. Dabei begehen sie genau das, was sie Kritikern wie Bröckers, von Bülow u.a. vorwerfen. Während die kritischen Autoren Fragen aufwerfen, sich aber nicht als Pächter der einzigen Wahrheit aufspielen, übernehmen die Medien, was ihnen vorgesetzt wird, als einzig und allein möglich. Dabei sind diejenigen, die hinterfragen, nicht die Verschwörungstheoretiker, sondern solche, die die Theorie von der angeblichen Verschwörung Bin Ladens und seiner 19 Räuber verbreiten.

Nur noch Briefträger

Ekkehard Sieker, erfolgreicher WDR-Mitarbeiter, Physiker, Buchautor (»Das RAF-Phantom«) und Mitorganisator des Einstein-Jahres in der Hauptstadt, bringt es bei einer Podiumsdiskussion zum 11. September am 30. Juni 2003 im Audimax der Berliner Humboldt-Universität auf den Punkt. »Mit der Mainstream-Berichterstattung«, so Sieker, »machen sich Journalisten zu reinen Briefträgern, die ihre Aufgabe darin sehen, Nachrichten ungeprüft weiterzureichen.« Schon kurz nach der Veröffentlichung des Videos, auf dem sich das angebliche Geständnis Bin Ladens zu den Anschlägen findet, unterziehen Sieker und Kollegen vom WDR das Band einer eingehenden und unabhängigen Untersuchung.

Besonders interessiert sind die Journalisten an der Übersetzung dessen, was Bin Laden auf dem Band nach Angaben amerikanischer Sicherheitsbehörden sowie deutscher und US-Medien sagen soll. Dabei wird der Weltöffentlichkeit von nahezu allen Sendern und Zeitungen die amerikanische Übersetzung ungeprüft aufgetischt und als absolut korrekt verkauft.

Doch dem ist nicht so, wie die Mitarbeiter des WDR-Magazins »Monitor« schließlich analysieren. In der letzten Sendung unter Leitung von Klaus Bednarz stellt »Monitor« seine Recherche-Ergebnisse vor und bestätigt, was viele bereits vermutet haben: Die Übersetzung ist schlicht falsch! Als die Reporter in den USA selbst recherchieren, kommt ihnen zu Ohren, dass das Video seitens der Regierung niemals zur gerichtlichen Verwertung vorgesehen war. Das heißt, es gibt offenbar auf dem Band nicht ein Indiz oder gar einen Beweis für die Schuld Osama Bin Ladens. Vielmehr sei der Film – woher immer er auch stammen mag – einem Institut übergeben worden, dass herausfinden sollte, ob man mit dem Band »etwas anfangen« könne. Als Sieker und Kollegen ihrerseits unabhängige Übersetzer an das angebliche Schuldeingeständnis des Saudis lassen, kommt etwas ganz anderes dabei heraus, als bei den Amerikanern, die ihre Übersetzung in einer Rekordzeit hingelegt haben, und zwar so schnell, dass eine seriöse Beschäftigung mit den sprachlichen Inhalten des Films nicht möglich gewesen sein konnte.

So kommt es denn auch zu einem Lapsus, der an Lächerlichkeit kaum noch zu überbieten ist. Bin Laden spricht auf dem Band von »Mohammed« und »Atta«, was die Amerikaner sofort mit dem angeblichen Todespiloten aus Hamburg gleichsetzen. Doch tatsächlich, so die von »Monitor« beauftragten Übersetzer, handele es sich dabei um die arabische Umschreibung des Begriffs »Familie« (Atta). Somit redet der als Terrorfürst Gesuchte von der Familie des Propheten Mohammed und nicht von einem arabischen Studenten aus Norddeutschland. Die angeblich unabhängigen Übersetzer in den USA stammen übrigens allesamt aus Israel und sind des arabischen Dialektes, den Bin Laden spricht, überhaupt nicht mächtig.

Das Video und die Übersetzung würden vor keinem Gericht eines wirklich demokratischen Staates Bestand haben, werden aber von der Mainstream-Presse auch hierzulande noch immer als Schuldeingeständnis Bin Ladens gewertet und verbreitet. Nicht ein einziger Mitarbeiter von »Spiegel«, »Focus« oder »Stern«, um nur einige wichtige Blätter zu nennen, hat das, was aus Amerika kam, geprüft. Dabei lernt schon jeder Volontär im ersten Ausbildungsjahr (so war es zumindest früher) die Gegenrecherche, das Abklopfen einer Information auf ihren Wahrheitsgehalt, als eines der wichtigsten Grundprinzipien des demokratischen und freien Journalismus kennen. Auch insofern gibt es in Deutschland keine freie Presse mehr. Oder um es mit Ekkehard Siekers Worten zu sagen: Journalisten sind dann unseriös, wenn sie Informationen ungeprüft an die Öffentlichkeit weitergeben, nur weil die Informationsquelle scheinbar seriös ist.

Menschen bei Maischberger und das Internet

Wir kennen Sandra Maischberger als geschickte und situationsgewandte Talkerin vom privaten Nachrichtensender N-TV, wo sie regelmäßig interessante und illustre Menschen aus Wirtschaft, Politik und Gesellschaft im Studio zu Gast hatte. Ob Heiner Lauterbach, Heiner Geißler oder Daniel Cohn-Bendit: Sie alle und andere ließen sich von dem bezaubernden Lächeln und den wohlformulierten Fragen der Karrierefrau beciercen. Und nicht selten entlockte sie mit ihrer Art den Gesprächspartnern Antworten, die sie so anderen nicht gegeben hätten.

So kommt es, dass Frau Maischberger zum Star im Kreise der TV-Talker wird und im Jahr 2003 in der ARD Alfred Biolek (für mich durch niemanden zu erreichen oder zu ersetzen), der in den Fernseh-Ruhestand gegangen ist, adäquat ersetzen soll. »Menschen bei Maischberger« heißt der neue Live-Talk aus Berlin – und erlebt bereits in der zweiten Sendung sein Waterloo. Zu Gast ist an diesem Abend Ex-Bundesforschungsminister Andreas von Bülow, Autor eines kritischen Buches zum Thema »11. September«. Maischberger hat sich sein neuestes Buch »Die CIA und er 11. September, internationaler Terror und die Rolle der Geheimdienste« vorgenommen und merkt gleich zu Beginn mit saurer Miene an, dass der Bestseller ja schon eine Auflage von rund 70.000 Exemplaren erreicht hat. Dann verfällt sie in ein Verhalten, dass der Fernsehzuschauer bislang von ihr nicht gewöhnt war. Von der Souveränität der Meister-Journalistin ist nichts mehr zu spüren. Maischberger wirkt hektisch, zerfahren, scheint irgendwie unter Druck zu stehen. Ihre Fragen vermitteln den Eindruck, dass sie in einem Tribunal säße, und dass von Bülow der Angeklagte sei. »Ihre Aussagen im Buch sind zum Teil widerlegt!« herrscht sie ihn an. Der Ex-Politiker kommt kaum zu Wort. Will er einen Satz beginnen, fährt Maischberger ihm über den Mund. »Haben sie mit den angeblich überlebenden Menschen, die auf der Fahndungsliste stehen, gesprochen?« will sie wissen. Als von Bülow verneint, aber darauf hinweist, dass Zeitungen die lebenden Männer interviewt haben, will sie das nicht als zuverlässige Quelle gelten lassen – als ob Frau Maischberger und ihre Zuarbeiter in der Redaktion Tag für Tag das, was sie in den Zeitungen lesen, persönlich überprüfen würden.

Die immer fahriger werdende Journalistin sieht sich inzwischen Buhrufen und Pfiffen aus dem Publikum ausgesetzt, weil sie von Bülow nicht zu Wort kommen läßt und ihn in die unseriöse Ecke schieben will. Da verspricht sie sich, was bei ihr selten vorkommt, und entlarvt sich selber. »Ich habe sie ja nicht nur hierher eingeladen, weil ich finde, dass sie blöd sind...« beginnt ihr Satz, den sie vor Schreck schnell abbricht. Linkisch grinst sie vor sich hin und ist immer lauter werdenden Unmutsäußerungen des Publikums ausgesetzt. Es folgen noch ein paar belanglose Sätze ihrerseits – und von Bülow wird von ihr nicht nur verabschiedet, sondern geradezu weggeschickt.

Sichtlich erleichtert wendet sich die Fernsehfrau ihrem nächsten Gast zu. Unterdessen wird der Chat zur Sendung im Internet von empörten Zuschauern geradezu überschwemmt. Auch Menschen, die von Bülows Meinung zu den Geschehnissen des 11. September und den Hintergründen nicht teilen, zeigen sich geradezu pikiert über die Behandlung des Autors durch Maischberger. Das geht über Tage hinweg so. Bereits am Tage nach der Sendung finden sich im Chat Postings von Usern, die das Verhalten der Journalistin verteidigen. Kaum eines der Postings ist mit einem echten Namen versehen. Die meisten sind mit Phantasienamen unterzeichnet. Zudem haben sie etwas klischeehaftes an sich, als hätte jemand etwas geschrieben, was nicht von ihm stammt oder wovon er nicht wirklich überzeugt ist.

Sollte es etwa so sein wie bei »Punkt 12«, wo wir Redakteure dann und wann dazu verdonnert wurden, bei Telefonumfragen unter den Zuschauern den eigenen Sender anzurufen, falls es zu wenig Anrufer für die Umfrage gegeben hätte?

Wie dem auch sei, Frau Maischberger scheint in dieser Sendung nicht sie selbst gewesen zu sein. War etwa Druck von ganz hoher Stelle, vom Intendanten vielleicht, ausschlaggebend? Wurde die Redaktion gar angewiesen, von Bülow in die populäre Sendung zu holen, um ihn an prominentem Sendeplatz als Scharlatan darzustellen?

Nachdem die Kritiker der offiziellen 11-9-Version nicht allesamt durch Gegenbeweise mundtot gemacht werden konnten, greifen diejenigen, die an einer Aufrechterhaltung der US-These Interesse haben, in die unterste Kiste. »Panorama« z.B. zeigt einen Schmähbeitrag über die Kritiker, der sie in die Nähe des rechtsradikalen Anwalts Horst Mahler drängt. Dabei merkt sogar ein Laie, das in dem Beitrag Interviews auseinandergerissen und schlecht zusammengeschnitten worden sind. Dann kommt die Sache mit von Bülow bei Maischberger. Andere öffentlich-rechtliche Sender ziehen nach. Was ist da im Gange?

Dabei muss man wissen, dass der Intendant bei den öffentlich-rechtlichen Sendern eine politische Figur ist, und auch die Rundfunkräte sind von den Parteien besetzt. Also könnte die offensichtliche Kampagne gegen die Autoren einen ganz realpolitischen Hintergrund auf allerhöchster Ebene haben.

Der Vorhof wird gereinigt

Bundeskanzler Gerhard Schröder ist ein Mann, der politische Stimmungen im Volk bestens einschätzen und für sich nutzbar machen kann. So ist es auch am Vorabend des Bush-Krieges im Irak, von dem wir inzwischen auch von offizieller Seite wissen, dass dort keine Massenvernichtungswaffen lagerten. Während die Regierung beim Angriff der USA auf Afghanistan noch die von den Amerikanern erwünschte Haltung zeigt (Stichwort »unerschütterliche Solidarität«), tanzt Schröder in Sachen Irak aus der Reihe und verweigert Bush die Mitarbeit an dessen blutigem Werk. Das macht den Cowboy aus dem Weißen Haus ziemlich sauer, und er läßt über seinen Außenminister Spitzen in Richtung Deutschland und Frankreich schießen. Von einem »Problem mit dem alten Europa« ist die Rede. Und weil »Dabbelju« nicht bekommt, was er will, verhält er sich trotzig. Daraus resultiert, dass es größte Unstimmigkeiten beispielsweise auf dem deutsch-amerikanischen Wirtschaftssektor gibt.

Da wir alle wissen, dass Geschäftemacher sich immer nur dann mit Kriegen beschäftigen, wenn es dabei für sie etwas herauszuschlagen gibt, wächst auch hierzulande – von der Bevölkerung kaum zu spüren – der Druck auf die Politik. Irgendwie muss der Streit mit den Amerikanern beigelegt werden. Man kann zwar mal ein wenig fetzen, wenn es aber um Profite, Warenströme und Umsätze geht, hört der Spaß auf. Immerhin will man bald das Fell des zerstörten Irak verteilen, an dem immer mehr Hyänen zerren.

Also gibt sich der eine in Berlin, der andere in Washington einen Ruck, und man geht, wie es sich unter anständigen Menschen gehört, wieder aufeinander zu. Dass so etwas nicht mit einem einfachen Telefonat von Gerhard zu George getan ist (Motto: Laß uns wieder Freunde sein), dürfte jedem klar sein. Solche politischen Entscheidungen bedürfen der exakten Vorbereitung, und zwar auf unterschiedlichen Ebenen. So mag eine dieser Ebenen auch die der öffentlichen Meinung sein, die man – wer wüßte das besser als ein Politiker – so herrlich manipulieren kann. Und um die steht es amerikamäßig in Deutschland wenige Wochen vor der Reise des Kanzlers in die USA am 25. September 2003 nicht gerade gut. Da man aber als guter Gast auch ein Geschenk mitbringt, läßt sich unser Gerhard nicht lumpen. Und kurzerhand wird über die politischen Verbindungsleute bei Presse und Fernsehen eine Kampagne gegen die o.g. Autoren gefahren, die sich nicht nur gewaschen hat, sondern auch die Leute noch (erfolglos) in die Ecke von Vollblutidioten stellt. Vorauseilenden Gehorsam nennt man so etwas. So kann Schröder bei seinem Besuch in den USA dem Präsidenten am Kaminfeuer ganz nebenbei erzählen, dass sich das Meinungsbild der Deutschen über Amerika inzwischen gewandelt habe, und die Miesmacher durch die freien Medien in Deutschland als Spinner enlarvt worden sind.

So ist die Welt für Gerhard und George weitestgehend wieder in Ordnung, die Differenzen sind beigelegt und die deutschamerikanische Freundschaft ist wieder unerschütterlich. Alles ist nach Wunsch geregelt, und 9-11-kritische Autoren haben ihren Platz innerhalb der Gesellschaft scheinbar zugewiesen bekommen.

Spieglein, Spieglein an der Wand

Es war immer der ganze Stolz des deutschen Journalismus, und wer dort arbeitete, gehörte zur absoluten Creme der Branche. Das Blatt war stets Meßlatte für andere Zeitungen und Fernsehmagazine. Jetzt ist es nur noch ein Schatten seiner selbst. Gemeint ist das inzwischen ehemalige Nachrichtenmagazin »Der Spiegel«. Mit ehemalig ist nicht gemeint, dass es nicht mehr als Blatt existiert, sondern seinen Geist als Nachrichtenmagazin aufgegeben hat. »Der Spiegel« ist nach dem Rückzug und Tod seines Gründers Rudolf Augstein beliebig, stumpf und unschöpferisch nachahmend geworden. Sicherlich ist der für viele in der deutschen Wirtschaft und Politik ein Zustand, den sie über Jahrzehnte hinweg herbeigesehnt haben – eine Wunscherfüllung, auf die sich beim »Spiegel« allerdings niemand etwas einbilden sollte. Er ist keine »Spiegel-Affäre« mehr, über die Franz-Josef Strauß 1962 als Bundesverteidigungsminister stolperte, keine Parlamentsdebatten um Spiegel-Artikel und vor allem keine Kritik an den offiziellen 9-11-Darstellungen aus den USA. Statt dessen läßt das Heft seine Leser wissen, »wie es wirklich war«, als die Täter den bislang schlimmsten Terroranschlag erdachten und auf dem Boden Amerikas ausführten. Dass das noch niemand beantworten kann, der außerhalb des inneren Kreises der amerikanischen Politkaste steht, müsste eigentlich bei Abwägung der Fakten und der sich daraus ergebenden Fragen auch den Spiegel-Redakteuren eingeleuchtet haben.

Doch diese Fragen, die selbst der berühmte Blinde mit dem Krückstock ertastet, lassen sie mit gleichbleibender Ignoranz unbeachtet liegen. Da ist es doch einfacher, sich in den Medien-Mainstream einzureihen und mit in das Horn zu blasen, das am lautesten tutet. Ob es die richtigen Töne trifft, scheint dabei unerheblich zu sein.

XIV.

Schlußwort

Jemand muss die Initiative ergreifen

Wie die verehrten Leserinnen und Leser in diesem Buch erkannt haben, handelt es sich bei dem größten Teil der Medien und Medienschaffenden in Deutschland heutzutage lediglich um Unternehmen und deren Angestellte, die eine Ware verkaufen, die Ware »Unterhaltung und Information«.

Die wenigsten allerdings bedenken dabei, dass diese Ware sehr oft kaschiert, verschönert, verändert oder sogar künstlich ist. Nicht die reine Nachricht, nicht die wirkliche Unterhaltung, die den Intellekt fördert, sondern plumpe Manipulation und Beschäftigungstherapie wird den Deutschen zugemutet. Die meisten Medien, ganz deutlich das TV – und hier die Privaten – sind zu einem Bordell, zu einem Tummelplatz der niederen Instinkte geworden, in dem die heikelsten und perversesten Sendungen zum höchsten Preis feilgeboten werden. Die Medien geben permanent ein schiefes Bild der Wirklichkeit wieder, nämlich nicht die Realität, wie sie ist (dann müssten sie auch über sich selber berichten), sondern wie sie von bestimmten Interessengruppen in der Republik für das »einfache« Volk gewünscht wird, damit gewisse Leute und Gruppen ihre Machenschaften von der Öffentlichkeit unbehelligt weitertreiben können. Um diesen Zustand bekannt zu machen und zu ändern, muss jemand die Initiative ergreifen. Dieser »jemand« sind Sie, ja, genau SIE!

Nur Boykott kann helfen

Nur der Boykott von Medien, die den Konsumenten als Kaufsklaven statt Partner betrachten, kann helfen. Und dabei ist natürlich jeder einzelne Zuschauer und Leser angesprochen. Denn nichts trifft Sender und Verlage mehr als das stete Sinken der Quote bzw. der Auflage. Erreicht werden kann das durch eine Verzichtshaltung der Konsumenten. Sie werden sehen, wie schnell sich die Damen und Herren Journalisten dann umstellen. Ihre Brot-und-Spiele-Tricks werden sie immer wieder versuchen, denn ihre Gehirnwäschesendungen- und Artikel sind damit nicht aus ihren Köpfen gestrichen. Doch sie werden ein gutes Stück vorsichtiger sein, denn es geht um ihre heilige Kuh, um den Profit.

Wenn bei BILD bespielsweise die Auflage unter vier Millionen sinkt – das habe ich selber erlebt –, herrscht bei den Bossen in Hamburg Panikstimmung. Erkennbar ist das dann an Aktionen, die die Leser-Blatt-Bindung erhöhen sollen. Das heißt nichts anderes, als dass diese Aktionen mehr Menschen zum Kauf der Zeitung animieren sollen. Sehr beliebt sind in diesem Zusammenhang immer wieder Preisausschreiben wie »Bingo« o. ä. wie z. B. der tägliche Tausender oder auch wie in »Punkt 12« der Jackpot, bei dem Zuschauer stattliche Summen an Euro gewinnen können, wenn sie Fragen aus der Sendung richtig beantworten. Wer hier siegen will, muss natürlich bis zu dem Spiel die gesamte Sendung intensiv verfolgen und trägt so zu einer höheren Quote bei, die wiederum die Einnahmen des Senders bei den Werbeminuten erhöht.

Wer sich als Zuschauer seiner Stärke als ökonomischer Faktor bewußt ist und danach handelt, kann den Medienmogulen das Fürchten lehren. Die Verweigerungshaltung nutzt weitaus mehr als Briefe oder Anrufe. Die werden sowieso unisono an die Zuschauerredaktion weitergeleitet. Und die ist in kritischen Fällen nur dazu da, »Beruhigungspillen« ans Zuschauervolk zu verteilen, weil sie im Hause quasi als Rechtfertigungsabteilung gegenüber den Zuschauern betrachtet und unterhalten wird.

Deswegen lassen Sie es uns einfach tun, auf geht's! Seien wir uns unserer Stärke bewußt, es liegt im wahrsten Sinne des Wortes in unserer Hand. Wir entscheiden darüber, ob wir am Kiosk zur Zeitung greifen oder nicht, und wir entscheiden darüber, welche Taste wir auf der Fernbedienung berühren!

Und auch der Griff zum Sachbuch, das Hintergründe erklärt und aufarbeitet, kann nicht schaden.

Liste der lesenswerten Zeitungen

An dieser Stelle möchte ich den Leserinnen und Lesern eine Liste von meines Erachtens lesenswerten Zeitschriften und Zeitungen vorstellen. Diese Liste ist selbstverständlich subjektiv und nicht allgemeingültig. Als Werbung für ein bestimmtes Produkt ist sie schon gar nicht zu verstehen.

– Die Woche (Zeitung für Politik, Kultur und Wirtschaft, linksliberal, kritisch)
– Der Tagesspiegel (kommt aus Berlin, berichtet ausgewogen und kritisch)
– Rheinzeitung (kommt aus Mainz, berichtet ausgewogen und liberal)
– Rheinische Post (kommt aus Düsseldorf, konservativ, aber nicht dogmatisch)
– Handelsblatt (Wirtschaftsblatt, das allerdings auch politisch neutral analysiert)
– Hannoversche Allgemeine (fällt durch kritische Haltung auf politischem Sektor auf)
– Frankfurter Rundschau (liberal, kritisch)
– Frankfurter Allgemeine (konservativ, analytisch, hinterfragend und ausgewogen)
– Junge Welt (politisch links, daher nicht ausgewogen, aber sehr kritisch)
– Neues Deutschland (Ex-DDR-Organ, von daher extrem vorbelastet, allerdings inzwischen zu einer der lautesten Stimmen in bezug auf Kritik an den bestehenden Verhältnissen geworden)

Hinzu kommen die inzwischen zahlreich vorhandenen Internet-Zeitungen (nicht die Online-Ausgaben der herkömmlichen

Blätter!), in denen man zu jedem Thema kritische Berichte findet. Wer sich darin vertiefen möchte, dem sei der Gebrauch einer der vielen Suchmaschinen empfohlen. Nicht zu verachten sind auch die Zeitungen und Zeitschriften der einzelnen DGB-Gewerkschaften. Sie widmen sich häufig Themen, die in der übrigen Presselandschaft unzureichend oder überhaupt nicht berücksichtigt werden. An dieser Stelle sei einr bemerkenswerte Tatsache aus Südamerika angemerkt. Hier, besonders in Argentinien und Kolumbien, kommt es immer wieder zu mysteriösen Vieh- und auch Menschenverstümmelungen. Die Opfer sind grausam zugerichtet, völlig blutleer und wurden wahrscheinlich mit Laserskalpellen gequält. Obduktionen ergaben, dass manche Menschen bei den »Operationen« noch lebten. In den meisten Fällen sind es Eingeborene, die angegriffen werden. Über diese Vorfälle, hinter denen vermutlich Drogenbanden mit Unterstützung der CIA stecken, berichtet der deutsche Journalist Thomas Kistner (Süddeutsche Zeitung) auch in einem kürzlich erschienenen Buch. Eine deutsche TV-Produktion ist, an bislang in Europa nicht veröffentlichtes Filmmaterial gekommen und hat es allen deutschen Sendern angeboten. Eine Reaktion blieb bis dato aus. Das ist auch ein Indiz dafür, dass den Zuschauern hierzulande sehr viele Informationen einfach vorenthalten werden.

Liste der sehenswerten Sendungen

Leider müssen wir inzwischen genau suchen, um die m. E. sehenswerten Sendungen im deutschen TV zu finden. Allein diese Tatsache spricht Bände! Wer aus dem alltäglichen Gehirnwäschebrei in den Programmen das Brauchbare herausfiltert, steht am Ende mit einem quantitativ geringen Ertrag da. Dennoch lohnt es sich. Hier habe ich eine kleine (wieder subjektive und nicht werbende) Liste zusammengestellt.

- Tagesschau (Tagesthemen)
- ZDF Heute (Heute Journal)
- Fliege (ARD-Talkshow)
- Arte (Kultur- und Politikkanal)
- Phoenix (Politik live und Zeitgeschehen)
- BR Alpha (Kanal des Bayerischen Rundfunks, Wissenschaft, Zeitgeschehen)
- Discovery (ZDF, Technik und Historie)
- Discovery-Channel (Entdeckungen, Technik, Geschichte, Tiere etc., Pay-TV)
- Monitor (Polit-Magazin des WDR, sehr kritisch, mit Zuschauerdiskussion am Telefon)
- Die Story (Sendereihe im WDR, Hintergrundreportagen)

Sehr zu empfehlen sind auch die dritten Programme der einzelnen Bundesländer, auf denen immer mal wieder interessante Beiträge bzw. Filme gebracht werden.

Schalt' das Radio ein!

Erfrischend heben sich aus der Reihe der deutschen Medien zahlreiche Radiosender und ihre Programme hervor. Auch hier dominieren wieder die öffentlich-rechtlichen Anstalten, wie sie so unschön heißen. Im Gegensatz zu manchen privaten Sendern, die in den meisten Fällen auch im Rundfunk Gehirnwäsche betreiben, legen die Verantwortlichen hier noch Wert darauf, die Zuhörer mit Informationen zu versorgen. Und man findet unter den Moderatoren tatsächlich auch noch Vertreter, die wissen, was Journalismus ist. So sind in Interviews mit Politikern oder Wirtschaftern sowie Angehörigen von Interessenvertretungen wie Gewerkschaften, Ärztekammern oder Arbeitgeberverbänden häufig hartnäckige Fragen seitens der Moderatoren zu finden. Das ist eine einzigartige Qualität, die im Einheitsbrei der Berichterstattung heutzutage nur noch selten anzutreffen ist.

Schon allein deswegen ist es sinnvoll, häufiger einmal das Radio einzuschalten. Zudem hat das ganz nebenbei auch noch einen Effekt, der der Hirnschrumpfung der Konsumenten entgegenwirkt: Rundfunkberichte lassen vor dem »dritten Auge« Bilder im Kopf entstehen. Die Vorstellungskraft wird angeregt und trainiert, was dem abstrakten Denken durchaus förderlich ist. Zudem wird im Radio in den meisten Fällen ein klares, sauberes Deutsch gesprochen, was sicherlich auch nicht von Nachteil ist.

Kleines Lügen-Brevier

Lügen, Halbwahrheiten, Desinformationen: Tagtäglich werden die Deutschen durch ihre Medien damit überschüttet. Da ist es nicht einfach zu erkennen, was nun eine wirkliche Nachricht und was eine mit tendenziösen Hintergedanken an die Öffentlichkeit gebrachte »Information« ist. Denn so leicht wie Münchhausen lassen sich die heutigen Lügenbarone nicht in die Karten blicken. Dennoch können auch Laien mit etwas Aufmerksamkeit bestimmte wahheitsverzerrende Elemente (besonders in Zeitungen) recht leicht erkennen.

Wenn Sie also folgende Formulierungen lesen, ist höchste Vorsicht geboten:

– Ein Freund/Bekannter: Diese Formulierung steht meistens in Boulevardblättern vor einem Zitat, das sich mit angeblichen Hintergründen einer Person beschäftigt. So z. B., wenn über Stars berichtet wird, deren Ehen zerfallen sind. Ein Freund: »Sie gingen schon seit Wochen nicht mehr miteinander aus.« Das soll dem Leser vorgaukeln, die Zeitung wisse genau über intime Details aus dem Leben des Stars Bescheid und habe Vertraute in der nächsten Umgebung der betreffenden Person. Tatsächlich aber existieren diese Freunde überhaupt nicht und sind reine Erfindung des Verfassers solcher Artikel. Auffällig an diesen Zitaten sind ihre statischen Formulierungen, die im Grunde nichts aussagen. Wären sie einer echten Person zuzurechnen, würden sie natürlicher wirken und beispielsweise ein Wort des Bedauerns oder Verstehens des Freundes beinhalten. Diese künstlichen Zitate vermehren oder unterstützen die im Artikel gebotenen Informationen in keiner Weise.

- Ein Polizist/Ermittler: Hier verhält es sich im Grunde genauso wie bei dem angeblichen Freund. Anonyme Polizisten werden häufig dann gewählt, wenn die Polizei zu Ermittlungen keine genaue Stellung nehmen will. Diese Zitate sind dann ebenso sinnlos wie die o. g. und lesen sich dann meistens so: Ein Ermittler: »So etwas Schreckliches habe ich noch nicht gesehen.«

- Aus gut unterrichteten Kreisen: Die berühmten Kreise lassen immer wieder verlauten, wissen, spekulieren oder wußten sogar schon vorher. Auch hier handelt es sich meistens um erfundene »Informationen«, die die Exklusivität oder Intimität eines Berichtes oder Beitrages unterstreichen sollen. Sind diese Informationen echt, wird anders formuliert, z.B. so: »Das erfuhren die XY-Nachrichten aus Koalitionskreisen« oder »wie aus Kreisen der Fraktion verlautete«.

- Mindestens 500.000 Euro erbeutet: Solche Sätze können nahezu zu hundert Prozent im Reich der Fabeln angesiedelt werden, denn keine Bank oder Versicherung in Deutschland gibt die genaue Höhe der Beute nach einem Überfall bekannt, dementiert aber auch niemals einen genannten Betrag, weil sie ja dann den richtigen nennen müsste. Deswegen fühlen sich Journalisten beim Veröffentlichen solcher Phantasiezahlen geschützt. Woher sollte das Dementi auch schon kommen?

- Blech kreischt, Glas splittert: Mit diesen oder ähnlichen Sätzen versuchen Boulevardjournalisten, ihren Meldungen über Unfälle eine zusätzliche Spannung zu verleihen, was ihnen aber in den meisten Fällen nicht gelingt, da die Formulierung enfach nur platt ist. Jeder kann sich denken, dass bei einem Verkehrsunfall Glas splittert. Blech hingegen kreischt nicht, sondern kracht und knirscht allenfalls. Da sich das aber nicht so gut liest, wird einfach wieder etwas aus der Luft gegriffen.

Anhang

REDAKTEURVERTRAG

Zwischen

der

AXEL SPRINGER VERLAG AG

(„Verlag")

und

Herrn Udo Schulze
Steinpfad 2
4300 Essen

(„Redakteur")

wird folgender Anstellungsvertrag geschlossen:

§ 1 Arbeitsgebiet

1. Herr, ~~Frau~~   Udo Schulze
   wird als   Redakteur in der Redaktion BILD regional Kettwig

   angestellt und für alle – auch künftige – Objekte der BILD-Gruppe tätig sein.
2. Der Verlag behält sich vor, dem Redakteur andere redaktionelle oder journalistische Aufgaben, auch an anderen Orten und bei anderen Objekten, zu übertragen, wenn es dem Verlag erforderlich erscheint und für den Redakteur zumutbar ist.

§ 2 Grundsätzliche Haltung der Zeitung

Die Objekte der BILD-Gruppe haben folgende grundsätzliche Haltung:

– das unbedingte Eintreten für den freiheitlichen Rechtsstaat Deutschland als Mitglied der westlichen Staatengemeinschaft und die Förderung der Einigungsbemühungen der Völker Europas;
– das Herbeiführen einer Aussöhnung zwischen Juden und Deutschen; hierzu gehört auch die Unterstützung der Lebensrechte des israelischen Volkes;
– die Ablehnung jeglicher Art von politischem Totalitarismus;
– die Verteidigung der freien sozialen Marktwirtschaft.

Der Redakteur ist zur Einhaltung dieser Richtlinien verpflichtet.

§ 3 Bezüge

1. Der Redakteur wird in die Tarifgruppe II a des Gehaltstarifvertrages für Redakteure an Tageszeitungen eingestuft.
2. Er erhält ein monatliches Bruttogehalt von DM ▇▇▇▇ , das sich wie folgt zusammensetzt:

   Tarifgehalt   DM ▇▇▇▇
   außertarifliche Zulage DM ▇▇▇▇

Außertarifliche Zulagen können auf künftige Steigerungen des Tarifgehaltes angerechnet werden.
Das Gehalt wird am Monatsende gezahlt.
Damit ist die für 1991 zu erwartende Tarifanhebung abgegolten.

Der Vertrag für Redakteure bei BILD, wie er Ende der 1980-er / Anfang der 1990-er Jahre gestaltet war. Deutlich ist hier zu erkennen, was der Verlag gern verschweigt. Wer Redakteur bei BILD werden möchte, muss einen Teil seiner Objektivität aufgeben.

Kellner, Taxifahrer, Lieferanten, Stuntmen
Die Nebenjobs der Polizisten

3.8.92 Von UDO SCHULZE

Dortmund – **Streß, Ärger mit den Mitmenschen, Frust und vor allem nicht genug Geld. Immer mehr Polizisten ziehen nach Feierabend die Uniform aus, wechseln sie mit der Garderobe eines Kellners, Taxifahrers oder Lieferanten. Nebenjobs, damit die Kasse stimmt.**

Rund 600 Beamte arbeiten im Revier schon mit einer zweiten Steuerkarte. Großverdiener und fast schon Fernsehstar unter den „Nebenjobbern" bei der Polizei ist der Duisburger Ernst Petry (43). Er arbeitete bereits als Double in Schimmis „Tatort". „1982 begannen in Duisburg die Dreharbeiten", sagt er. „Ich bin einfach hingegangen, wollte eigentlich immer Schauspieler werden." Irgendwann wurde Petry Statist, übernahm Nebenrollen. Im April spielt er seine erste Hauptrolle in der Serie „Top Cop" (RTL plus) – und bekommt pro Drehtag stattliche tausend Mark brutto.

Viel weniger verdient der Essener Schutzmann Gregor Wieczorek (32). Er jobt nebenbei als Fahrer eines Dentallabors. „Ich lege das Geld für Urlaubsreisen zurück, habe mir eine bessere Stereoanlage gekauft." Als Polizeiobermeister verdient Wieczorek rund 2800 Mark im Monat.

Als Gesellschafter eines Fitneßstudios hat sich sein Kollege Henri Schmidt (27, seit elf Jahren Polizist) zusammen mit Uwe Drießen (30) in Essen eine zweite Existenz aufgebaut. „Wir sparen für später, möchten gern was auf der hohen Kante liegen haben."

Gregor Wieczorek (32): Der Polizist fährt in seiner Freizeit für ein Dentallabor, bessert so die Kasse auf.

Polizeiobermeister Henri Schmidt (27) ist mit einem Freund zusammen Gesellschafter eines Fitneß-Studios, spart für die kommenden Jahre.

Fotos: H. AMELS-WESTERKAMP

Artikel in BILD

Fingerabdrücke führten auf die Spur des Täters

Dreifacher Raubmord aufgeklärt
Opfer: Ehepaar Meyer und J. Stüber

Der Mord an dem Ehepaar Friedrich und Elfriede Meyer aus Huttrop vom 24. August 1986 ist geklärt. Nach über zweijähriger Ermittlungsarbeit hat die Kripo jetzt einen 22jährigen Mann überführt, der während der Vernehmungen auch noch den Mord an der 74jährigen Johanna Stüber aus der Gerhard-Stötzel-Straße in Huttrop gestand. Diese Tat ereignete sich am 28. März 1986.

Wie Polizei und Staatsanwaltschaft gestern mitteilten, handelt es sich bei dem Täter um den 22jährigen Klaus-Dieter P. Er ist nach ärztlichen Erkenntnissen psychisch gestört, hat lange Zeit im Franz-Sales-Haus gelebt.

Möglicherweise ist es nur der Aufmerksamkeit von Grenzbeamten zu verdanken, daß der brutale Doppelmord an dem alten Ehepaar geklärt werden konnte. Staatsanwalt Olgert Piegsda: „Am 6. Oktober dieses Jahres wollte Klaus-Dieter P. an der Grenze zur Schweiz Schmuck einführen, den er in einer Schatulle aufbewahrte." Die Zöllner allerdings hielten die Schmuckstücke aus nicht näher bekannten Gründen fest. Piegsda: „Klaus-Dieter P. gab an, den Schmuck aus Recklinghausen erhalten zu haben."

In der Schatulle wurde, so der Staatsanwalt, jedoch ein Tuch mit der Adresse eines Essener Juweliers gefunden.

Klaus-Dieter P. verwickelte sich in Widersprüche, wurde in Essen vernommen und erkennungsdienstlich behandelt.

Nach der Vernehmung zündete P. seine Wohnung auf der Hobeisenstraße 25 an, flüchtete und wurde auf der Friedrichstraße von der Polizei beim Einschlagen einer Autoscheibe erwischt und verhaftet. Das Feuer führte schließlich zur Aufklärung des Mordes an Friedrich und Elfriede Meyer.

Klaus Mannigel, Leiter des 1. Kommissariats: „Da wir auch für Brandstiftung zuständig sind, untersuchten unsere Leute die Wohnung von Klaus-Dieter P. Dabei fiel den Beamten ein Armband in die Hände, das bei dem Mord an der Moltkestraße entwendet worden war." Schließlich stimmten die Fingerabdrücke von Klaus-Dieter P. mit Spuren auf einer Flasche überein, die in der Wohnung des ermordeten Ehepaars gefunden worden waren. Mannigel: „Die Flasche in der Wohnung des Ehepaars war unsere einzige Chance." use

Der „Fall Meyer" ist geklärt: Staatsanwalt Piegsda und Kriminalhauptkommissar Klaus Mannigel geben die Ergebnisse bekannt.
NRZ-Foto: Remo Tietz

● Weiter auf Seite 3

Mörder kam mit einem Geschenk

Dann stach er mit dem Messer zu

Im Zuge der Ermittlungen hat die Kripo die Fingerabdrücke von 3000 Personen überprüft. Und entdeckte schließlich: Die Fingerspur auf der Flasche in der Wohnung des Ehepaars Meyer stimmte mit den Abdrücken von Klaus Dieter P. überein. P. hatte fünf Monate vor der Bluttat in der Moltkestraße auch die 74jährige Johanna Stüber in der Huttroper Gerhard-Stötzel-Straße umgebracht.

Beide Taten sind von dem 22jährigen Mann offenbar kaltblütig geplant worden. Nach Darstellung von Staatsanwalt Piegsda hat P., der im Franz-Sales-Haus arbeitete und eine Zeitlang in einer Außenstelle des Heimes wohnte, irgendwann den Entschluß gefaßt, durch Gewalttaten seine Finanzen aufzubessern. Piegsda: „Klaus Dieter P. hat bei einem Lebensmittelkonzern in Essen Verkäufer gelernt, arbeitete aber im Franz-Sales-Haus in der Schlosserei. 20 Mark Taschengeld bekam er pro Woche. Später war er in der Küche des Hauses tätig."

Beim Verhör hat der Täter sich nach Piegsdas Schilderung als „innerlich kalt" beschrieben. Den Hergang des Mordes vom 24. August 1986 habe der Täter so widergegeben:

„Innerlich kalt"

Mit dem Vorsatz, einen älteren Menschen zu töten, sich anschließend zu berauben, fährt Klaus Dieter P. am Tag der Tat mit dem Bus von Frillendorf bis zum Ruhrgashaus an der Ruhralle. Er ist gut gekleidet, um bei seinen späteren Opfern Vertrauen zu erwecken. Daß ihm das Ehepaar Meyer zum Opfer fallen wird, weiß P. zu diesem Zeitpunkt noch nicht. Kriminalhauptkommissar Klaus Mannigel: „Der junge Mann ging von der Haltestelle aus in die Moltkestraße und sah sich dort die Häuser an." Grund: „Klaus Dieter P. hatte es auf ältere Leute abgesehen und glaubte, daß in einem alten Haus auch alte Leute wohnen müßten."

Nach wenigen Minuten erreicht er das Haus Moltkestraße 79. Er schaut auf die Klingelleiste. Wählt einen der Namen aus. Schellt bei Meyer. Dazu Klaus Mannigel: „An der Wohnungstür des Ehepaars bittet P. um einen Kugelschreiber. Er behauptet, etwas notieren zu müssen."

Die 87jährige Elfriede Meyer bleibt allerdings vorsichtig. Sie schlägt dem Fremden den Wunsch ab und schließt die Wohnungstür. Aber Klaus Dieter P. hat die Frau gesehen: Für ihn ist sie das perfekte Opfer. Er fährt wieder nach Hause und denkt sich einen neuen Plan aus, um in die Wohnung hineinzukommen.

Gegen zwölf Uhr steht er wieder vor der Tür des alten Ehepaars. Diesmal hat er ein als Geschenk verpacktes Metallstück in der Hand, das er in der Schlosserei des Franz-Sales-Hauses hergestellt hat. Nach den Worten von Mannigel überlistet der Mörder Elfriede Meyer: Das Geschenk sei von einem Nachbarn und er habe den Auftrag, es zu überbringen. Die 87jährige nimmt das Paket an. Da drängt sich der Täter in die Diele zurück, würgt sie, sticht mehrmals mit einem Messer auf sie ein.

Im Wohnzimmer sitzt der 90 Jahre alte Friedrich Meyer vor dem Fernseher. Er hat nichts gehört. P. geht zu ihm und sagt: „In der Diele liegt Ihre Frau. Sie ist gestürzt." Als der Rentner aufstehen will, sticht P. auch auf ihn ein. Anschließend durchsucht er vier bis fünf Stunden lang die Wohnung des Ehepaares. Er erbeutet Goldbarren im Wert von 10 000 Mark sowie weitere 10 000 Mark Bargeld. Dazu fallen ihm zahlreiche wertvolle Schmuckstücke in die Hände.

Staatsanwalt Piegsda: „In den nächsten drei Wochen deponiert der Täter das Geld sowie den Schmuck bei verschiedenen Banken."

Ähnlich wie der Tötung des Ehepaares ging P. auch beim Mord an der 74jährigen Johanna Stüber vor, berichtete Piegsda gestern. Die Frau wohnte in einem Haus, in dem auch Bekannte P's lebten.

Am 28. März 1986 verschafft er sich unter dem Vor-

„Ihre Frau ist gestürzt"

wand, ins Telefonbuch schauen zu wollen, Einlaß in die Wohnung. Er würgt und ersticht die Frau, durchsucht die Räume und flüchtet mit 900 Mark Beute.

● Vor diesen Morden hatte P. nach Darstellung von Staatsanwaltschaft und Polizei bereits 1985 geplant, eine ältere Frau mit einer Eisenstange zu töten. Damals hatte er aber vergeblich an der Wohnungstür geschellt: Die Frau war nicht zuhause.

Ältere Menschen, so die Staatsanwaltschaft, habe sich P. für seine Bluttaten ausgesucht, weil sie seiner Meinung nach ohnehin nicht mehr lange zu leben hätten und weil sie sich nicht mehr wehren könnten.

Der Täter soll in einer psychiatrischen Krankenhaus untergebracht werden.

Das sind die Opfer: Friedrich Meyer, Elfriede Meyer, Johanna Stüber

Das Wohnzimmer des Ehepaars: Der Täter hat es auf seiner Suche nach Geld völlig verwüstet.

NRZ-Artikel über aufgeklärte Raubmorde in Essen, Silvester 1988

Flammen im U-Bahnschacht
Essen: Zehn Menschen schwer verletzt

Von NRZ-Mitarbeiter UDO SCHULZE

ESSEN. Lebensgefahr für acht U-Bahn-Arbeiter in Essen: Gestern mittag brach aus bislang ungeklärter Ursache in der Batterieaufladestation einer U-Bahn-Baustelle im Stadtteil Altenessen ein Feuer aus. Zu diesem Zeitpunkt hielten sich in 15 Metern Tiefe acht Arbeiter in einer Druckkammer auf, die sie verlassen mußten. Sie erlitten Druckschäden und wurden in eine Spezialklinik gebracht.

Wie die Polizei mitteilte, sprangen die Flammen sofort auf im Schacht gelagerte Holz- und Papier-Materialien über. Die Arbeiter, die nach einem speziellen Verfahren unter einem Überdruck von 1,2 bar den Tunnel vorantrieben, versuchten, sich in eine Dekomprimierungskammer zu retten. Dort hätten sie 35 Minuten warten müssen, um anschließend an die Oberfläche gehen zu können, ohne die sogenannte Taucherkrankheit zu bekommen. Die Kammer hatte sich allerdings schnell mit Rauch gefüllt, so daß die Arbeiter sofort nach oben mußten. Auf Anraten Notärzte verließen die Männer schließlich den Schacht, um eine im Baustellenbereich aufgestellte Not-Dekomprimierungskammer zu benutzen. Sie bot jedoch nur für zwei Platz. Die übrigen Arbeiter wurden mit Notarztwagen und Rettungshubschraubern zu eine Spezialklinik nach Duisburg-Laer gebracht. Zwei Feuerwehrleute wurden ebenfalls verletzt.

Staatsanwaltschaft und Kriminalpolizei ermitteln. Die Höhe des Sachschadens steht noch nicht fest.

Bericht über ein Feuer in einer Essener U-Bahnstation auf der überregionalen Seite der NRZ

Noch keine Spur von Divi-Räubern
März-Überfall geklärt

Noch keine konkrete Spur hat die Polizei eigenen Angaben zufolge in dem Fall des Raubes auf die Divi-Filiale in Altendorf. Wie Polizeisprecher Uwe Klein gestern der NRZ mitteilte, beschäftigt sich eine aus sechs Mann bestehende „Raubgruppe" des 4. Kommissariats mit dem Fall, bei dem 430 000 Mark Beute gemacht wurden (die NRZ berichtete). Klein: „Es gibt noch keine heiße Spur."

Auch von dem zweiten Fahrzeug der Räuber – ein roter Golf – fehlt bislang jede Spur. Die Täter waren an der Kopfstraße in den Wagen gestiegen, Richtung Bottroper Straße gefahren und von der Polizei aus den Augen verloren worden. Kurz nach der Tat waren mehrere Polizeibeamte zur Wohnung des ehemaligen Besitzers des ersten Fluchtfahrzeugs (schwarzer Golf, E-HA 152) gefahren. Ihm war der Wagen im September gestohlen worden, aber zum Zeitpunkt des Überfalls nicht als gestohlen gemeldet.

Bereits im September war die Divi-Filiale an der Altendorfer Straße von drei Gangstern überfallen worden. Zwei der Täter konnten gefaßt werden. Ein dritter ist flüchtig. Dabei soll es sich nach Angaben der Polizei um den vor wenigen Tagen aus der Strafanstalt Oberhausen ausgebrochenen Kurt Betzin handeln. Dazu Uwe Klein: „Wir gehen davon aus, daß zwischen ihm und dem Räuber-Trio vom Samstag keine Verbindung besteht."

Gestern setzte die Firma Divi eine Belohnung von zehn Prozent der Höhe der wiederbeschafften Beute aus. Hinweise an die Polizei unter ☎ 7291-1.   **use**

Links: Bericht des Autors für die Essener Lokalausgabe der NRZ (Neue Ruhr/Neue Rhein-Zeitung)

Rechts: Bericht über eine Wahrsagerin für die »BILD-Aachen«

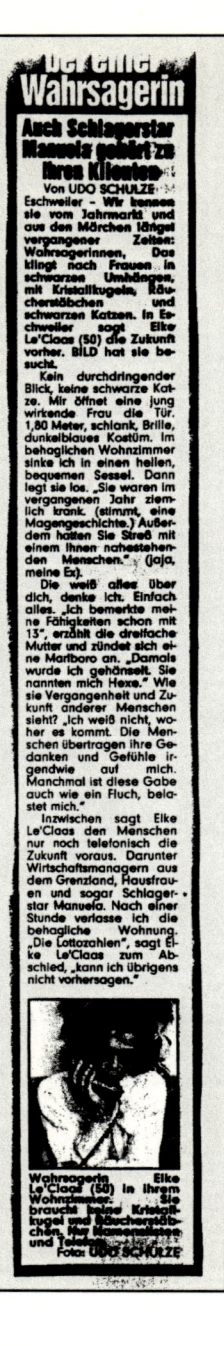

Wahrsagerin
Auch Schlagerstar Manuela gehört zu ihren Klienten

Von UDO SCHULZE

Eschweiler – Wir kennen sie vom Jahrmarkt und aus den Märchen längst vergangener Zeiten: Wahrsagerinnen. Das klingt nach Frauen in schwarzen Umhängen, mit Kristallkugeln, Räucherstäbchen und schwarzen Katzen. In Eschweiler sagt Elke Le'Claas (50) die Zukunft vorher. BILD hat sie besucht.

Kein durchdringender Blick, keine schwarze Katze. Mir öffnet eine jung wirkende Frau die Tür, 1,80 Meter, schlank, Brille, dunkelblaues Kostüm. Im behaglichen Wohnzimmer sinke ich in einen hellen, bequemen Sessel. Dann legt sie los. „Sie waren im vergangenen Jahr ziemlich krank. (stimmt, eine Magengeschichte.) Außerdem hatten Sie Streß mit einem Ihnen nahestehenden Menschen." (jaja, meine Ex).

Die weiß alles über dich, denke ich. Einfach alles. „Ich bemerkte meine Fähigkeiten schon mit 13", erzählt die dreifache Mutter und zündet sich eine Marlboro an. „Damals wurde ich gehänselt. Sie nannten mich Hexe." Wie sie Vergangenheit und Zukunft anderer Menschen sieht? „Ich weiß nicht, woher es kommt. Die Menschen übertragen ihre Gedanken und Gefühle irgendwie auf mich. Manchmal ist diese Gabe auch wie ein Fluch, belastet mich."

Inzwischen sagt Elke Le'Claas den Menschen nur noch telefonisch die Zukunft voraus. Darunter Wirtschaftsmanagern aus dem Grenzland, Hausfrauen und sogar Schlagerstar Manuela. Nach einer Stunde verlasse ich die behagliche Wohnung. „Die Lottozahlen", sagt Elke Le'Claas zum Abschied, „kann ich übrigens nicht vorhersagen."

Wahrsagerin Elke Le'Claas (50) in ihrem Wohnzimmer. Sie braucht keine Kristallkugel und Räucherstäbchen. Nur Namensliste und Telefon. Foto: UDO SCHULZE

Mobile Wache soll Bahnhof endlich sicherer machen

6.6.92

Von UDO SCHULZE

Essen – Mehr Sicherheit durch Polizeipräsenz. Mit einer mobilen Wache am Nordeingang des Hauptbahnhofs und Zivilbeamten, die das Umfeld beobachten, will die Polizei die Probleme rund um den Hauptbahnhof mildern. Polizeipräsident Michael Dybowski (51): „In der gesamten Innenstadt ist die Kriminalität gestiegen. Aber wir können nicht mehr als schuften."

33 Prozent mehr Straftaten in der City in der ersten Hälfte dieses Jahres. Auch am und im Hauptbahnhof. Dybowski: „Sorgen machen uns in der City die zunehmenden Raubüberfälle." Doch bei Überfällen am Bahnhof blieben Milieu-Angehörige meistens unter sich. Reisende seien nur selten betroffen.

Ganz anders sieht das die jetzt gegründete Interessengemeinschaft der Kaufleute im Bahnhof. Vorsitzender Rolf Rumpf (45): „Wir sind 18 Unternehmer, alle haben die gleichen Probleme." Immer wieder werden die Geschäftsleute bestohlen. Wilfried Schaffartzik (47) vom Fuchs-Markt: „Innerhalb von zehn Tagen wurde im Laden für über 700 Mark geklaut."

Größter Wunsch der Kaufleute: Zusammen mit Bahn, Polizei und Stadt ein Sicherheitskonzept zu erarbeiten.

Der Nordeingang des Hauptbahnhofes. Hierher hat sich die Drogenszene verlagert. Die Polizei setzt jetzt eine mobile Wache ein.

Bericht in der BILD »Ruhr-West«

Ampel-Rallye in Aachen
Von grüner Welle keine Spur

Aachen – "Mist!" Schon wieder springt das blöde Licht von Gelb auf Dunkelgelb. Kurzes Zögern – doch lieber bremsen.

Jeden Tag ärgern wir uns über die Ampel-Schaltungen in Aachen. Die BILD-Reporter Udo Schulze und Norbert Ganser machen den ultimativen Lichter-Test. Ampel-Rallye. Vom Pontior zur Nor-maluhr. Gut vier Kilometer. **Ludwigsallee** – alles klar. Zwei Ampeln erwischen wir bei Grün. Eine zeigt für 20 Sekunden Rot.

Wir fahren Strich 50 Km/h. **Hansemannplatz:** Kaum sind wir angefahren, zeigt die Ampel Rot. Ein Kilometer Stau, Abgase. Erst nach mehr als einer Minute Grün – für zwölf Sekunden. 300 Meter rollt den Wagen. Wieder leuchtet es rot auf.

Jetzt am *Adalbertsteinweg.* 30 Sekunden. Bei grüner Miniwelle über die **Wilhelmstraße.** Aber nur bis zur **Theaterstraße.** 40 Sekunden Rot.

Fazit: 15 Minuten für vier Kilometer. Was eine echte grüne Welle ist, müssen Aachens Verkehrsstrategen noch lernen.

Rote Ampeln und kein Ende. Besonders lange dauert's am Hansemannplatz. Die Autos stehen dort über eine Minute an der Ampel.

Foto: NORBERT GANSER

Artikel des Autors für die Ruhrgebietsausgabe der BILD mit Sitz in Essen-Kettwig.

Im Auto entbunden? Neugeborenes Kind am Feldweg ausgesetzt!

Von UDO SCHULZE

Wulfen/Gelsenkirchen – Wieder hat eine Mutter ihr neugeborenes Kind ausgesetzt. Eine Radlerin (27) fand das Baby am Rande eines Feldwegs zwischen Äckern und Wiesen. Geschockt alarmierte die Frau Polizei und Notarzt. Der Junge ist wohlauf, liegt in der Westerholter Kinderklinik. Doch von der Mutter fehlt jede Spur.

Es war 14 Uhr, als die 27jährige am Lippe-Ufer entlangfuhr, das kleine Bündel am Wegesrand liegen sah. Die Polizei: "Möglich, daß die Kindesmutter von Autofahrern gesehen wurde. Wir brauchen unbedingt Zeugen, die Verdächtiges beobachtet haben. Am Sonntag waren in diesem Gebiet auch viele Spaziergänger unterwegs. Irgendwer muß etwas gesehen haben."

Neben dem Baby fanden Polizisten einen blutdurchtränkten olivfarbenen Rock, Größe 4, zwei blutige weiße Kissen mit Playboy-Abzeichen und zwei blutverschmierte Automatten. Ein Beamter: "Wir glauben deshalb, daß die Mutter im Wagen kam, dort entbunden hat." Reifenspuren wurden sichergestellt.

Erst vor einer Woche war in Gelsenkirchen ein Neugeborenes ausgesetzt worden. Von der Mutter gibt es immer noch keine Spur.

9.6.92

Weiterer Artikel in BILD-Aachen

Der Reise-Erfinder

Aachener Student entdeckte einen Traum-Job

Von UDO SCHULZE

Aachen – Na, haben Sie keine Lust mehr auf das Ölsardinen-Gefühl am Strand von Mallorca? Hängen Ihnen die „Futtern-wie-bei-Muttern"-Speisekarten auf Gran Canaria schon sich Hals heraus? Da kann Christoph Schankweiler (30) helfen.

Der Aachener erfindet die verrücktesten Reisen Deutschland.

Witzigste Tour: Mit der Ente durch den Nahen Osten. Christoph Schankweiler: „Der Trend geht eindeutig zu Bildungsreisen mit Strandpausen, Alternativ-Tourismus."

Auf seinem Schreibtisch stapeln sich Landkarten: Tunesien, Toscana, Türkei, Danebem: Bildbände und Genehm- Handwerkszeug für einen Traumurlaub. Eine Woche lang büffelt sich Christoph durch die Papierwust – dann steht die neue Reise fest.

Klar – der Urlaubsmacher testet alles selbst: **„Man kann für andere nur dann Reisen erarbeiten, wenn man das Land selbst kennt."**

Wie wird man eigentlich Reisemacher? Christoph: „Nach der Bundeswehr vor neun Jahren machte ich einige Reisen in den Nahen Osten und nach Asien." Dann startete sein Geschichtsstudium an der RWTH. Am schwarzen Brett ein Zettel: Das Unternehmen Rotolo-Reisen aus Bad Neuenahr suchte Reiseleiter.

Schankweiler war zwei Wochen später dabei. Inzwischen fährt er nicht nur mit, sondern erfindet Urlaubsziele und -inhalte.

Schankweilers nächstes Ziel: Auf den Spuren von Marco Polo – mit dem Fahrrad nach Indien.

Für alle kurzentschlossenen BILD-Leser hat Christoph noch einen heißen Tip: Jetzt zum Flughafen und den nächsten Trip nach Ankara buchen (ca. 400 Mark). Dann in die Überlandbusse und vorbei an den Touristen-Zentren in die einsamen Gegenden. Christoph: „Für zwei Wochen lebt man mit 1000 Mark fürstlich."

Der Reiseerfinder auf den Spuren marokkanischer Geschichte. Hier vor einem Tempel in Rabat.

Hoch zu Roß in der ägyptischen Wüste. Christoph Schankweiler (30, links) bei den Vorbereitungen zu einer Reise vor den Pyramiden von Gizeh.

Artikel des Autors für die Aachen-Ausgabe der BILD.

Skandalprozeß Zuschauer lachten Richter aus

1.3.94

Von UDO SCHULZE

Aachen – Polizisten vor sämtlichen Ein- und Ausgängen, Zivilbeamte im Gericht, Metalldetektoren an den Türen. Sicherheitsstufe eins gestern im Aachener Landgericht. Grund: Prozeßeröffnung gegen die Physikstudenten Alexander F. (27) und Michael St. (27). Sie sollen vier Tankstellen im Stadtgebiet schwer beschädigt, Totensonntag 1991 am Ehrenmal in Aachen die deutsche Hymne per Preßluft-Fanfare gestört haben.

In Flugblättern, die an den Tankstellen gefunden wurden, bekannten sich die Attentäter zum linksradikalen Spektrum, zitierten RAF-Parolen. Zur Sache wollten die Angeklagten keine Angaben machen.

Dafür sorgten ihre Anhänger im Zuschauerraum immer wieder für Unterbrechungen. Einige von ihnen blieben sitzen, als die Richter einzogen, störten durch Zwischenrufe, Beifall und schallendes Gelächter. Die Verteidiger Edith Lunnebach und Eberhard Reinecke forderten die Einstellung des Verfahrens.

Die Angeklagten im Verhör zu Richter Dr. Bender: „Sie sind ein Unterdrückungsinstrument. Für heute haben wir alles gesagt, was wir sagen wollten." Der Prozeß (700 Aktenblätter, 32 Zeugen, 6 Verhandlungstage) wird heute fortgesetzt.

▶ **Das wirft der Staatsanwalt den Angeklagten vor:** Im Januar 1992 sollen die Apartheitsgegner vier Shell-Tankstellen beschmiert haben. Wie hier an der Roermonder Straße in Aachen.

▶ **Strenge Sicherheitskontrollen im Aachener Landgericht:** Wer in den Prozeß gegen die beiden Studenten wollte, wurde nach Waffen durchsucht. Fotos: N. GANSER

Artikel des Autors für die Aachen-Ausgabe der BILD. Hier kommen wieder alle Klischees zum Einsatz: Böse Terror-Studenten lachen ehrwürdiges Gericht aus und versetzen die Bevölkerung in Angst und Schrecken.

```
Peter on 1200
+
BEUTEKUNST

Das russische
Parlament hat erneut
ein Gesetz
verabschiedet, mit
dem die sogenannte
Beutekunst
-----------------
aus dem Zweiten
Weltkrieg zum
Eigentum Rußlands
erklärt wird. Es
tritt allerdings
erst dann in Kraft,
wenn Präsident Boris
Jelzin es
unterzeichnet hat.
Eine ähnliche
Gesetzesinitiative
war bereits im
Sommer am russischen
Föderationsrat
gescheitert.
Bundeskanzler Helmut
Kohl hatte nach
einer Unterredung
mit Jelzin im Januar
erklärt, bis Ende
des Jahres strebten
beide Länder eine
Lösung der
umstrittenen Frage
an.




POST3365            5.02.97  11:27                    MITTAGA
```

Text zu einer Meldung in der RTL-Sendung „Punkt 12". Dieser Text liegt dem Moderator im Studio vor.

Weiterer Text einer „Punkt-12"-Meldung

Peter on
BSE
+
Knapp anderthalb Jahre nachdem ein Viehzüchter aus Ostfriesland an der Creutzfeld-Jacob-Krankheit gestorben ist, will das
----
Robert-Koch-Institut in Berlin noch heute klären, ob die Erkrankung damals tatsächlich nicht gemeldet wurde. Der Fall des Landwirtes war erst gestern bekannt geworden. Creutzfeld-Jakob ist eine Hirnerkrankung, die in Verdacht steht, durch die Rinderseuche BSE übertragen zu werden. In Bonn berät gleichzeitig die Seuchenkommission über weitere Maßnahmen im Kampf gegen BSE. Außerdem ist zur Eindämmung der Schweinepest ein Exportverbot für die Bundesländer geplant, in denen Fälle der Seuche registriert worden sind.

PUNKT 12	01.JAN.1900								
REGIE:			CVD:			AGENTUR:			
CHYRONS:			ALKO:			ERSATZ:			
Gepl. Beginn	12:00:00	Gepl. Dauer	00:32:56	Gepl. Ende	12:32:56		Plus/Minus		-00:03:29
Tats. Beginn				Tats. Ende	12:29:27		Countdown		
KNr Stichwort			von	DLSA	DLSB	Bild	Ton	Dauer Total	FORWAR
TEASER / INDIKATIV						J-BOX	O	00:30	12:00:00
OPENING MIT OFF BILDERN						Beta	OFF	00:40	12:00:30
TOPTHEMEN / ANMOD									
Schalte:			SNG	DEL	pu	EXT	EXT	01:45	12:01:10
Rep.: Michael Harkämper + Einsp.									
ÜBERGABE NEWSBLOCK						LIVE	LIVE	00:15	12:02:55
##### NEWSBLOCK ########			####	############	#####	#####	####		12:03:10
INDIKATIV NEWS						J.BOX	O	00:20	12:03:10
						BETA	O	04:00	12:03:30
						BETA	O		12:07:30
						BETA	O		12:07:30
						BETA	O		12:07:30
						BETA	O		12:07:30
						BETA	O		12:07:30
						BETA	O		12:07:30
Anmod Wetter				Wetterlogo		PICTO		00:10	12:07:30
WETTER						BETA	O	00:30	12:07:40
ÜBERGABE						TEXT		00:05	12:08:10
###### MAGAZIN #########			###	############	#####	#####	####		12:08:15
ANMOD:						Live	Live	00:30	12:08:15
HOLLAND HAT ARBEIT									
BETA:			TT-E			BETA	O	01:40	12:08:45
HOLLAND HAT ARBEIT									
ANMOD:						Live	Live	00:30	12:10:25
JVA-SKANDAL									
BETA:			FFM			BETA	O	01:30	12:10:55
JVA-SKANDAL									
SCHALTE:			???	DEL	pu	EXT	EXT	01:30	12:12:25
Rep.: ???									
ANMOD:						Live	Live	00:30	12:13:55
VATER REDET NACH TRAGÖDIE									
BETA:			HAN			BETA	O	01:30	12:14:25
VATER REDET NACH TRAGÖDIE									
ANMOD:						LIVE	LIVE	00:30	12:15:55
LEBED NACHFOLGER									
BETA:			MOSKA			BETA	O	01:30	12:16:25
LEBED NACHFOLGER									
ANMOD:						Live	Live	00:30	12:17:55
HAZY OSTERWALD									
BETA:			BERL.			BETA	O	01:15	12:18:25
HAZY OSTERWALD									
DRANBLEIBE-TEASER				CHYRON		BETA	offit	00:20	12:19:40
WERBUNG				DEL 5		CART	AR	03:20	12:20:00
ANMOD:						Live	Live	00:30	12:23:20
BEN BECKER									
BETA:			Kruse			BETA	O	01:45	12:23:50
BEN BECKER									
ANMOD:						LIVE	LIVE	00:30	12:25:35
PAMELA ANDERSON									
BETA:			HAMB./ CC			BETA	O	01:30	12:26:05
PAMELA ANDERSON									
VERABSCHIEDE IN DER KANTINE			Comp.	Milena + Peter		LIVE	LIVE	01:45	12:27:35
JINGLE / Abdikativ								00:07	12:29:20

noch Bilder

Neuseeland:	ganz nette Verfolgungsfahrt
USA:	Eislauf-Olympiasiegerin Oksana Bajul zu 90 Dollar Strafe, Alkoholerziehungsprogramm und 25 Stunden gemeinnützige Arbeit verurteilt
Italien:	Jacko vor Gericht, soll Song geklaut haben
USA:	Darlie Routier, soll ihre beiden Söhne ermordet haben, soll mit Todesspritze hingerichtet werden (25)

keine Bilder

Unterlagen für die morgendliche Redaktionskonferenz bei „Punkt 12". Das Blatt informiert über Ereignisse im In- und Ausland und über die dazugehörigen Bilder beim Sender. Handschriftliche Ergänzungen wurden vom Autor während der Konferenz vorgenommen. So bedeutet „40-50", dass aus dem Thema eine bebilderte Meldung von 40 bis 50 Sekunden Länge produziert wird.

Guten Morgen, Mittwoch

Inland

D/F:	"Castor"-Unglück: Saar-Landtag debattiert über Unglückszug (?), Zug wieder auf Gleis gehoben
Nürnberg:	Alo-Zahlen höher als erwartet, wahrscheinlich 4,6 Mio *20 Seb.*
Berlin:	Sprengungen Bunker (Bilder) *25 off*
Dortmund:	Streik gg. Abbau-Arbeitsplätze: Krupp-Stahl-Arbeiter legten Arbeit nieder *25*
Bonn:	Rühe fliegt nach Sarajevo (8 Uhr)
Bonn:	CDU-Bundesvorstand zu Renten (10 Uhr) *40-50 Bonn mit Kohl*
Bonn:	Karnevalsempfang bei Kohl (11 Uhr) *71*
Frankfurt/M:	Forts. Tarifverhandlungen Druck (10 Uhr), Warnstreiks (Bilder)
Frankfurt/M:	PK Lufthansa zu Umstrukturierung (9 Uhr)
Wiesbaden:	Urteil Arbeitsgericht über fristlose Kündigung ostdeut. Tarifverträge (8.30 Uhr)

Ausland

USA:	*Stade: Familiendrama* Simpson im Zivilprozeß schuldig gesprochen (Bilder) *(Aufmacher)*
USA:	Clintons Rede zur Nation: ruft zu nationalem Kreuzug für Bildung auf, will helfen, vereintes Europa aufzubauen (Bilder)
USA:	gutartiger Gehirntumor bei Liz Taylor festgestellt, wird am 17. Feb. operiert (Bilder)
Belgrad:	Nach Anerkennung Wahlsiege, Gesetzentwurf wird vorgelegt (Bilder)
Bulgarien:	Nach Einigung über Neuwahlen, Streiks abgebrochen
Israel:	Nach Hubschrauberzusammenstoß mit 73 Toten (Bilder), nur wenige Stunden später; amerikanisches Kampfflugzeug vor Küste abgestürzt
Sarajevo:	Rühe unterstellt Bundeswehrkontingent unter SFOR (11.05 Uhr)
Brüssel:	EU-Veterinärausschuß berät weiter über Schweinepest in D, BSE-Untersuchungsausschuß setzt Beratungen fort. Tagung zu Staatsbeihilfen und TV-Rechte bei Sport-Übertragungen (12.30 Uhr)
Lima:	Geiseldrama: sechs Schüsse abgefeuert, dazwischen Namen von Gewerkschaftern gerufen (Bilder)
Frankreich:	Eisenbahner streiken schon wieder
Taiwan:	60 Schiffe protestieren vor Küste gg geplanten Export Atommüll (Adrian hat Bilder angeboten)

Ablaufplan einer „Punkt-12"-Sendung. Links stehen die Kürzel für die An- und Abmoderationen der einzelnen Beiträge bzw. die der Beiträge selber, in der vorletzen Spalte die Länge, in der letzten die absolute Länge der Sendung.

```
PUNKT 12   05.FEB.1997
  REGIE:              CVD:                      AGENTUR:
CHYRONS:              ALKO:                     ERSATZ:
  Gepl. Beginn 12:00:00   Gepl. Dauer 00:32:15   Gepl. Ende 12:32:15   Plus/Minus 00:00:06
  Tats. Beginn                                   Tats. Ende 12:32:21   Countdown
KNr Stichwort                   von    DLSA         DLSB    Bild   Ton  Dauer Total FORWARD
```

Stichwort	von	DLSA	DLSB	Bild	Ton	Dauer	Total FORWARD
TEASER / INDIKATIV				J-BOX	O		00:30 12:00:00
OPENING MIT OFF BILDERN TOPTHEMEN / ANMOD				Beta	OFF		00:40 12:00:30
BETA: SIMPSON	KK			Beta	O		01:30 12:01:10
SCHALTE: Peter Kleim	L.A.	Aufzeichnung 11.40		Beta	O		01:20 12:02:40
ANMOD: ISRAEL	RM			LIVE	LIVE		00:30 12:04:00
Beta ISRAEL	JERUS.			Beta	O		01:30 12:04:30
ÜBERGABE NEWSBLOCK				LIVE	LIVE		00:15 12:06:00
##### NEWSBLOCK ########	####	###########	#####	#####	####		12:06:15
INDIKATIV NEWS				J.BOX	O		00:20 12:06:15
ALO-ZAHLEN	udo X			BETA	O		00:20 12:06:35
SPRENGUNG BERLIN	BERL			BETA	offit		00:25 12:06:55
KRUPP-ARBEITER	TTE			BETA	offit		00:25 12:07:20
CDU-RENTEN	BN			BETA	O	00:40	00:50 12:07:45
OSTDEUTSCHE TARIFVERTRÄGE		n.E.		BETA	offit		12:08:35
FAMILIENDRAMA	HH			BETA	O	00:30	00:40 12:08:35
CLINTON	wh			BETA	O	00:30	00:40 12:09:15
LIZ TAYLOR	udo X			BETA	offit		00:25 12:09:55
BELGRAD	wh	n.E.		BETA	offit		12:10:20
KINDERMÖRDERIN	udo X			BETA	offit		00:25 12:10:20
Anmod Wetter	ph	Wetterlogo		PICTO			00:10 12:10:45
WETTER				BETA	O		00:30 12:10:55
ÜBERGABE				TEXT			00:05 12:11:25
###### MAGAZIN #########	###	###########	#####	#####	####		12:11:30
Anmod: Castor				Live	Live		00:30 12:11:30
Beta: Castor	luc			Beta	O		01:00 12:12:00
SCHALTE: REPORTER C.SCHLENDER	SNG	DEL.		EXT	EXT		01:10 12:13:00
Anmod: GORLEBEN				BETA	offit		00:25 12:14:10
Anmod: Justizskandal	RM			Live	Live		00:30 12:14:35
Beta: Justizskandal	Erfurt			BETA	O		01:30 12:15:05

- 1 -   05.02.1997 08:37:59

KNr	Stichwort	von	DLSA	DLSB	Bild	Ton	Dauer	Total FORWARD
	Anmod: Scientologie-Schule	RM			Live	Live	00:30	12:16:35
	Beta: Scientologie-Schule	Kiel			Beta	O	01:20	12:17:05
	Schalte: Reporter						01:15	12:18:25
	Anmod: Krater-Stadt	RM					00:30	12:19:40
	Beta: Krater-Stadt	Gera/ TT-L					01:20	12:20:10
	ANMOD: Müllsparbüchse	RM			Live	Live	00:30	12:21:30
	Beta: Müllsparbüchse	RM Dresden			BETA	O	01:30	12:22:00
	DRANBLEIBE-TEASER		CHYRON		BETA	offit	00:20	12:23:30
	WERBUNG		DEL 5		CART	AR	03:09	12:23:50
	Anmod: Busemann				Live	Live	00:30	12:26:59
	Beta: Busemann	Richi			BETA	O	01:00	12:27:29
	Schalte: Busemann	SNG	D E L	pu	EXT	EXT	02:30	12:28:29
	Anmod: VERFOLGUNGSFAHRT						00:10	12:30:59
	Beta: Verfolgungsfahrt	MB					00:45	12:31:09
	VERABSCHIEDE		Milena + Peter		LIVE	LIVE	00:20	12:31:54
	JINGLE / Abdikativ						00:07	12:32:14

05.02.1997 08:37

RTL TELEVISION

ANFORDERUNG 'BLAUE KARTE' FÜR:

NAME: Schulze, Udo
ABTEILUNG: Punkt 12
FUNKTION: Redakteur
EINTRITTSDATUM: 12.02.1997 bis: _____
TEL.-INTERN: 5213

BERECHTIGUNG

☒ NORMALCODIERUNG
☐ SCHRANKE
☒ TIEFGARAGE
☐ PARKHAUS

PARKPL-NR.: _____ KFZ.-KENNZ.: E-UT 310

04.03.97
Datum   Unterschrift
                    Bereichs-/Ressortleiter

SPERRUNG

NAME: _____
AB: _____
BEGRÜNDUNG: _____

Datum   Unterschrift
                    Bereichs-/Ressortleiter

RÜCKGABE DER KARTE

AM: _____
                   Unterschrift Mitarbeiter

Anforderung für einen RTL-Hausausweis, der mit einer bestimmten Codierung versehen war, um Türen im Hause öffnen zu können, z.B. die Tür zur Regie.

Falscher Polizist: Frauen nannten mich Schlappschwanz

Dortmund – „Ich war auf Arbeitssuche in Dortmund-Lütgendortmund, da habe ich das Mädchen gesehen." Dieter Bernd Sp. (39) schilderte gestern mit stockender Stimme vor der I. Großen Jugendschutzkammer, wie er sich an einem neunjährigen Mädchen verging.

Der zweite Tag im Prozeß gegen den falschen „Polizisten Müller" beschäftigte sich mit den sexuellen Problemen des Mannes, der 38 kleine Mädchen mißbraucht hat.

Zum drittenmal verheiratet, hatte er stets Schwierigkeiten mit Frauen. „Sie beschimpften mich als Schlappschwanz", presste er verbissen hervor. Beim Einkaufen in Witten mußte Sp. drei Schritte hinter seiner Freundin gehen. „Damit nicht auffiel, daß wir zusammen waren."

Aus Frust griff er häufig zu Cola und Weinbrand. Und irgendwann begann er, kleine Mädchen zu belästigen. use

38 Mädchen mißbraucht: „Müller" gesteht alles

Von UDO SCHULZE

Dortmund – „Die Fälle stimmen alle", sagte Dieter Sp. (39) vor der I. Großen Jugendschutzkammer des Landgerichts. Ihm wird vorgeworfen, als falscher „Polizist Müller" im ganzen Ruhrgebiet 38 Mädchen zwischen fünf und zwölf Jahren mißbraucht zu haben.

In sich zusammengesunken hörte der kleine, untersetzte Mann (schütteres, dunkelblondes Haar, Schnäuzer) die Anklage. Einigen Mädchen verband er die Augen, anderen zog er während seiner Gewalttaten den Pullover übers Gesicht.

Dieter Sp., zum dritten mal verheiratet, stellte auch seiner zweiten Ex-Frau in Münster und ihrem neuen Freund, einem Polizisten, nach. Oft saß er nachts vor ihrer Haustür. Schon damals belästigte der Mann, der selbst Polizist werden wollte, kleine Mädchen.

Der Prozeß wird heute fortgesetzt.

Das Phantombild von Dieter Bernd Sp. (39). Er ist geständig, 38 kleine Mädchen mißbraucht zu haben.

UDO SCHULZE · DIE ABRECHNUNG

Bericht des Autors über eine Geiselnahme in Berlin. Damals arbeitete der Autor bei der B.Z.

Mittwoch, 1. November 1995

Der Geisel-gangster steht hinter der Fensterscheibe der Hertz-Filiale Budapester Straße (Foto rechts). Wenige Meter neben ihm haben bereits SEK-Leute Position bezogen (Foto links).

ur noch 6 Monate

Geisel-Gangster Uwe

erfiel eine Bank, flüchtete mit 20 000 DM

Waffe: Sie sind jetzt seine ... der Polizei wurde inzwischen Großalarm ausgelöst. ... wagen rasen zur Budapester ... sperren die Umgebung ... amte drängen die Schaulustigen zurück. Inzwischen steht das Spezialeinsatzkommando (SEK) bereit. Die durchtrainierten Männer rüsten sich mit Masken, Helmen, kugelsicheren Westen und Maschinenpistolen aus.

...nen wie im Krimi: Die SEK-...er beziehen Posten an der ...Filiale, an Nebenhäusern ...auf Dächern. Unterdessen ...t die Polizei telefonisch Ver...ungen mit dem Geiselgangster auf. Dabei stellt sich heraus: ...ißt Uwe R., ist 32, stammt ...önchengladbach.
...ordert: „2,5 Millionen Mark ...ein Fluchtwagen. Wenn

nicht, erschieße ich alle dreißig Minuten eine Geisel!" Angst. Stille. Meint der Mann es ernst? **Wie gefährlich ist er?**

Minute um Minute verrinnt. Und plötzlich, nach eineinhalb Stunden, kommt blitzschnell das Ende:

SEK-Männer stürmen durch die Hintertür

In der Hertz-Filiale sieht Margit K. (38), daß der Geiselgangster abgelenkt ist. Sie öffnet die Hintertür des Büros – und die SEK-Männer stürmen rein. Die Beamten schlagen den Geiselnehmer zu Boden, überwältigen ihn, zerren ihn nach draußen in einen Notarztwagen. Es ist genau 11.22 Uhr.

In der Hertz-Filiale fallen sich Margit K., Jaqueline Ko. (31), Sabine W. (25) und Oliver L. um den

Hals. Gerettet! Sie sind geschafft, aber unverletzt!

Die Geiseln später zur .BZ: „Am schlimmsten war die Angst in den ersten fünfzehn Minuten. Später kochten wir Kaffee. Der Mann setzte sich auf den Boden und erzählte uns aus seinem Leben."

Er sagte unter anderem: „Ich habe lange in Köln gelebt. Ich beziehe Stütze, bin arbeitslos und obdachlos. Meine Frau und mein Kind sind gestorben, das hat mich aus der Bahn geworfen. Ich habe nur noch sechs Monate zu leben. Ich will das Beste daraus machen. Ich gehe nicht für fünfzehn Jahre in den Knast."

Was daran wahr ist: Alles noch offen. Uwe R. hat sich bei der Festnahme Prellungen und Platzwunden zugezogen, mußte ärztlich versorgt werden, wurde dann von der Kripo vernommen.

Prinzessin Veronica von Anhalt: Der Gangster lief an mir vorbei

Prinzessin Veronica von Anhalt wohnt in dem Eden-Hochhaus, in dem sich das Geiseldrama abspielte. Der .BZ berichtete sie gestern: „Ich wollte gerade einkaufen gehen, da lief der Geiselgangster an mir vorbei. Haarscharf – fast hätte er mich umgerannt. Ein Schuß fiel – ich dachte, da wird ein Film gedreht. Aber dann sperrte die Polizei alles ab, und mir wurde

Las in aller Ruhe die Zeitung: Will Tremper

klar, in welcher Gefahr ich gewesen bin."

Im 6. Stock lebt der berühmte **Schriftsteller Will Tremper.** Er war tete gerade auf Kaminholz. „Fünf Laden hatte ich

schon, die sechste aber kam nicht mehr. Auf einmal rief der Holzhändler an und sagte, daß er nicht reinkomme, die Polizei habe alles abgesperrt." Dann rief ein Freund an, der die Geiselnahme im Fernsehen sah. Tremper: „Er sagte, ich solle zweimal abschließen und noch einen Schrank vor die Tür schieben. Habe ich natürlich nicht gemacht. Habe in aller Ruhe Zeitung gelesen."

UDO SCHULZE · DIE ABRECHNUNG

203

Mordprozeß: Mutter ließ ihre Tochter verhungern

Essen – Der Tod ihres Kindes erschütterte im Juni 1990 viele Menschen: Stephanie E. (23) ließ ihre Tochter Svenja (2) im Kinderbettchen über Wochen verhungern (BILD berichtete).

Gestern begann der Prozeß gegen die 23jährige. Die Anklage: Mord!

In schwarz-weißer Bluse, dazu passender Strickjacke und rot lackierten Fingernägeln saß Stephanie E. auf der Anklagebank. Zeugen berichteten von ihren zahlreichen Männerbekanntschaften, ihren Drei-Tage-Trinkgelagen, ihrem Haschischkonsum.

Freunden hatte Stephanie E. stets gesagt: „Svenja ist bei ihrer Oma." Dabei lag Kleinkind in seinem Bettc schrie und wimmerte vor ger.

Am Tag ihrer Festna hatte die 23jährige in Wohnung eines Freunde frühstückt. Er hatte für si sche Brötchen geholt ...

Der Prozeß geht heute ter. h.o. 92

13.5.92

Das Kind war ihr zu lästig
Mutter ließ Tochter verhungern

Essen – **Zehn Jahre Gefängnis für Stephanie E. (23) – die Mutter, die ihr Kind verhungern ließ.** Die Richter verurteilten sie wegen Totschlags. Oberstaatsanwalt Wolfgang Reinicke (55) hatte in seinem Plädoyer sogar Lebenslänglich gefordert. Reinicke: „Das Kind war ihr zum Schluß lästig."

Schluchzend und mit gesenktem Kopf nahm die völlig in Schwarz gekleidete Stephanie E. das Urteil entgegen.

ten Wort nutzte sie nicht, schwieg. Ihre Tochter (2) war im Juni '91 gefunden worden. Die Leiche wog nur noch 6 000 Gramm.

In seinem Plädoyer bat Verteidiger Heinrich Wullhorst um Verständnis: „Diese Mutter hatte niemanden, der ihr wenigstens zuhörte. Schon als Kind war sie allein."

Richter Rudolf Esders in seiner Urteilsbegründung: „Stephanie E. war nicht reif, ein Kind aufzuziehen." use

Stephanie E. (23): Zehn Jahre Gefängnis für die Frau, die ihr Kind verhungern ließ.